WIZARD

リバモアの株式投資術

JESSE Lauriston LIVERMORE

How To Trade In Stocks

ジェシー・ローリストン・リバモア　小島利明［著］
長尾慎太郎［監修］　増沢和美/河田寿美子［訳］

Pan Rolling

本書の『リバモアの株式投資術』は2007年12月にパンローリングより『孤高の相場師リバモア流投機術――大恐慌を売り切った増し玉の極意』として刊行されたものを見直し、改題したものです。

また、『マンガ　伝説の相場師リバモア』は2007年12月にパンローリングから刊行されたものです。

監修者まえがき

本書は、伝説の相場師ジェシー・リバモアの著した一九四〇年版の〝How To Trade In Stocks : The Livermore Formula for Combining Time Element and Price〟の邦訳である。第三者の手によって大幅に加筆、あるいは重要な部分が削られた似た題名の書籍がほかにもあるが、純粋にリバモアが自ら執筆した唯一のコンテンツを忠実に収録したものは本書だけである。これは二〇〇七年に出版されたあとに絶版となっていたが、このたび小島利明氏の手による『マンガ 伝説の相場師リバモア』とともにめでたく再版されることになった。なお今回の復刻に当たっては、訳出やセリフを全面的に見直し数多くの修正を行っている。

リバモア本人とその人生については、エドウィン・ルフェーブルによる『欲望と幻想の市場』（東洋経済新報社）が詳しいが、それがあくまで伝記物語であるのに対し、本書はリバモア本人の手による技術解説書である。ここからは彼の意思決定プロセスを直接読み取ることができ、リバモアが合百出身であることから想像されるような相場操縦者ではなく、実際にはプラグマティックな科学哲学を標榜する冷静な戦略家であったことがよく分かる。

さて、リバモアが書いているように、投機・投資において常に勝ち続けるということはそもそも不可能であるし、それはむしろ危険な考えでもある。相場は将棋や囲碁などのゲームや多くのスポーツと同じく、ある局面で後退することが最終的な勝利の可能性を高めることにつながる。これは大きな勝利に必要な小さな負け（コスト）である。初心者はこうした考え方がなかなかできないが、たえず目先の勝ちにこだわることは破滅への最短のパスである。また、のべつ幕なしにリスクをとるのも無意味であり、生き残りたければ時期を選ぶ必要がある。

リバモアの建玉法は順張りであり、少し逆行すれば損切りしてイクスポージャーを解消するし、順行すればポジションを積み増すことになる。この原則に従えば必然的にうまくいっているときにしかマーケットにいないことになる。現代の私たちから見ると本書で説かれた戦術そのものにはそれほど目新しさはないかもしれないが、そこには大局的な勝ちのために一時的な敗北を認めること、さらにマーケットにいるべき時期をおのずと限定する自律的なアルゴリズムが組み込まれている。リバモアはこの単純な時系列分析による手法を使って何度も巨万の富を築いたのである。本書はいまでも刮目して読むに値する相場書である。

二〇一七年一月

長尾慎太郎

総目次

リバモアの株式投資術

How To Trade In Stocks

ジェシー・ローリストン・リバモア［著］

長尾慎太郎［監修］　増沢和美／河田寿美子［訳］

MORE LIVER MORE LIVER MORE

JESSE Lauriston JESSE Lauriston

目次

第1章　投機という挑戦

The Challenge of Speculation

投機というゲームは世界中で最も人々を魅了するゲームである。

しかし、それは愚か者や怠け者や感情のバランスを欠く者のためのゲームでも、一獲千金を狙う相場師のためのゲームでもない。そういった連中は、貧困の果てに最後を迎えることになる。

昔からディナーパーティーで初対面の人と同席するたび、挨拶もそこそこにいつもこう尋ねられる。

「どうすればマーケットで稼ぐことができますか？」

若いころは、マーケットから楽に手っ取り早くお金を手にしたいと願う人たちが直面するすべての問題について、懇切丁寧に説明していた。あるいは丁寧に断って、その煩わしさから逃れていた。だが、のちには無愛想に「分かりません」と答えるようになった。

彼らの無遠慮な質問には耐え難いものがある。そもそも、投資と投機を科学的に研究してきた人間に対して、そんな質問がまともに言えるだろうか。「弁護士業や外科手術で手っ取り早く金を稼ぐにはどうすればいいですか？」などと、素人が弁護士や外科医に尋ねることがあるだろうか。

しかし私は、投資や投機に興味を抱く多くの人にとって正しい手引書や指針さえあれば、彼らは目に見える成果を上げるために、自らトレードの研究を行うであろうと確信するようになった。本書は彼らのために著したものである。

投機で経験した事例のいくつか――数度の失敗と成功の記録、それぞれの経験から得た教訓――を盛り込むことが、本書の意図である。そのすべての教訓から、投機で成功するために最も重要な要因であると私が考える「トレードにおける時間的要因」という理論を明らかにする。

だが、話を先に進める前に忠告しておく。成功によって手にできる成果は、自ら記録を付け、自ら考え、自ら結論を出すという点において、どれだけ偽りなく誠実に努力したかに比例する。

「健康法」に関する本を読んだとしても、運動を他人任せにはできない。それと同様に、あとの章で述べる「時間的要因と株価変動を組み合わせる」私の手法に忠実に従ったとしても、自分で行うべき作業を他人に委ねていては成功を手に入れることはできない。

私にできるのは、投機家の進む道を照らすだけだ。私の道案内で読者の皆さんが株式市場に投じた以上の利益を得ることができればうれしく思う。

本書では、投機を志す人々に、投資家として、また投機家として長い年月をかけて蓄えてきた重要なポイントやアイデアを紹介している。

投機に関心のある人は、投機をビジネスととらえ、ビジネスとして扱うべきであって、ギャンブルと考えてはならない。投機は本来ビジネスであるという私の考えが正しいとすれば、投機というビジネスに従事する人々は入手できる有益なデータを駆使して、自分の能力のかぎりまで学び、理解しようと固く決意すべきである。

私は投機というビジネスで大きな成功を収めようと打ち込んできた四〇年間で、投機に適用できるルールをいくつも発見してきたし、今なお発見し続けている。

私は幾度となく、大きな値動きをなぜ事前に予測できなかったのかと考えながら床につき、早朝に新しい考えがひらめいて眠りから覚めるという経験をしている。そういうときは朝が来るのが待ち切れずに飛び起きて、新しいアイデアが価値あるものかどうか、過去の値動きを徹底的に調べ上げた。

ほとんどの場合、その考えは完璧からはほど遠かったが、私の潜在意識下にはアイデアのかけらが蓄積された。のちにそこから新たな考えが具体化すると、すぐにその考えを徹底的に検証するという作業に取り掛かった。

やがて、これらさまざまなアイデアが形となり、それに即して記録を付け、指針として使用できるほどの具体的手法にまで発展させることができたのだ。

私の理論と実践の経験に照らして、株や商品への投機や投資の世界において、まったく新しいことは何も起きないということを確信している。投機すべきときもあれば、投機すべきではないときもある。極めて核心を突く金言がある――「競馬では一つのレースに勝てても、トータルで勝つことはできない」。相場も同じである。投資や投機をして利益を得られる時期は確かにあるが、毎日毎週トレードを続けて着実に利益を得ることはできない。一年中トレードをし続けて利益を上げようとするのは無鉄砲な人だけだ。それはあり得ない、不可能な話である。

投資や投機で成功するには、ある銘柄にこの次どんな重要な価格変動が起きるかについて、自らの考えを持っていなければならない。投機とは、価格変動を予測することにほかならない。正確に予測するためには、その予測に対する明確な根拠が必要だ。

例えば、ある情報が公になったとき、市場に与える影響を頭の中で分析してみる。この情報が一般大衆、特にその情報に関心を持つ人々に与える心理的影響を予測するのだ。だが、たとえその情報が市場に明確な強気の影響や弱気の影響を与えそうだと確信したとしても、**市場の実際の動きによってその考えが裏付けられるまで**、賭けに出てはならない。なぜなら、予期したほどにはマーケットが反応しない場合もあるからだ。

例を挙げて説明しよう。

マーケットがある期間、一定のトレンドを形成したあとには、強気や弱気の情報が出ても、市場にほとんど影響を及ぼさないことがある。そういった情報がマーケットに影響を及ぼさないということは、マーケットはその時点で買われ過ぎや売られ過ぎの状況にあるのだ。

こうしたとき、過去の同じような値動きを知っていることは、投資家や投機家にとって、計り知れないほどの価値を持つ。そのようなときは個人的な考えを完全に捨てて、**市場そのものの動き**に細心の注意を払わなければならない。

マーケットはけっして誤らないが、個人の考えはしばしば誤る。個人の考えなど、市場がそのとおりに動かなければ、投資家や投機家にとって何の意味もない。だれ一人として、あるいはどんな集団であっても、市場の動きを決めることなどできないのだ。

特定の銘柄に関して、大きく上昇するとか、下落するだろうと確信し、結果的にその考えが正しくとも、行動が早すぎれば損を被ることになる。正しいと信じてすぐに行動しても、仕掛けた段階でマーケットは逆行したりするものだ。

マーケットが順行せずに値動きがおとなしいと、嫌気が差して玉を手仕舞う。おそらく数日後には思惑どおりに市場が動き始めて再度仕掛けるが、仕掛けるや否や、またもマーケットは逆行し始める。今回も自らの考えに疑念が湧き、損切りする。

その後、ついに株価が真のトレンドを描き始めても、性急すぎたこと、二度も判断を誤ったことで、トレードする勇気は失われている。あるいは、ほかに仕掛けたポジションがあって手が回らないというケースもあるだろう。こうして、仕掛けを急いだ銘柄の真のトレンドには、乗ることができないのである。

ここで強調しておきたい点は、特定の銘柄や業種に関して明確な考えを持ったとしても、仕掛けを急いではならないということである。マーケットが動くのを待ち、観察する。判断を下すためのしっかりとした基準を持つことが重要なのである。

例えば、ある銘柄が二五ドル近辺の値を付け、かなりの期間二二〜二八ドルの圏内で動いているとしよう。あなたはその株が、最終的に五〇ドルに達するだろうと考えている。現時点で二五ドルならば、株が動き始めて新高値（例えば、三〇ドルくらい）を更新するまで我慢して待つのだ。そうなれば、あなたの考えの正しさがマーケットによって支持されたと思ってもよい。その株は今や強固な上昇局面に突入したはずだ。そうでなければ、三〇ドルまで上がらなかったであろう。三〇ドルを付けたことで、その株が明白な上昇局面に入った可能性が極めて高まる。そのときこそが自分の考えに賭けるべきタイミングなのである。

二五ドルで買わなかったという事実に腹を立ててはならない。二五ドルで買えば、おそらく待ち切れなくなって、本格的に株が動き始める前に手仕舞ってしまっただろう。そしていったん安く手放してしまうと、再度買うべきタイミングで、不満な気持ちから値の上がった株を買えなくなってしまうものなのである。

私の経験でいえば、大儲けに至った投機は、株でも商品でも仕掛けたあとにすぐに利が乗ったトレードによるものである。

あとの章で私の株式売買の事例をいくつか示すが、私は最初のトレードを絶好のタイミングで行った。つまり、価格の勢いが非常に強く、行くところまで行くしかない状況下で行ったのだ。私の売買が価格を動かしたわけではなく、その銘柄の本来の勢いが非常に強く、単にそうなるべくして、そうなったのだ。


ほかの多くの投機家と同じように、私も確実なタイミングが来るまで辛抱強く待てなかったことが何度もある。私は常にポジションを抱えていたかったのだ。

「君ほどの経験がありながら、なぜあえてそうしたんだ？」と聞かれるかもしれない。その問いに対する私の答えはこうだ。

「私は人間であり、人間の弱さを持っている」。あまたの投機家と同じように、私は我慢できずに判断力を鈍らせてしまった。

投機はポーカーやブリッジなど、カードゲームとよく似ている。私たちのだれもが、ジャックポットに金を賭けたいという欲に支配され、ブリッジですべての手で勝負するような羽目になる。

人間なら多少なりとも持っている意思の弱さこそが、投資家や投機家の最大の敵であり、安全措置を取らないでおくと、最終的には身を滅ぼす結果をもたらすのである。

〝望みを持つこと〟と〝恐れを抱くこと〟はともに人間の特性ではあるが、投機というビジネスに望みと恐れを持ち込めば、極めて恐ろしいことに直面することになる。なぜなら、二つを混同して相反するポジションを取りかねないからである。

例を挙げよう。

三〇ドルである株を買う。翌日、その株は三二ドルを超えて急速に値上がりする。すると、ここで利益を確定しなければ明日には利益が吹き飛ぶかもしれないと急に不安になる。こうしてわずかな利益で利食うことになるのだが、そのときこそがまさにさらに値上がりするだろうという期待だけを心に持つべきなのだ。

前日には存在しなかった二ポイントの利益を失うことを、なぜ恐れる必要があるだろうか。一日で二ポイントの利益を得ることができるのなら、その翌日には二～三ポイント、もしかすれば来週にはさらに五ポイントの利益を得られるかもしれない。

その株が正しく動き、マーケットが正しいのであれば、利食いを焦ってはならない。もし間違っていればまったく利益が出ないのだから、自分の判断に自信を持てばよい。そのままずっとマーケットに乗るのだ。それは時に非常に大きな儲けになるかもしれない。マーケットが不穏な動きを見せないかぎり、信念に従ってトレンドに乗り続けるのだ。

さらなる例を挙げよう。

三〇ドルである株を買ったとする。翌日二八ドルになり、二ポイントのマイナスだ。そのとき、明日には三ポイント以上の損になるかもしれないと恐れることなく、単なる一時的な押しとみなし、明日はきっとマイナスを取り戻すだろうと考えるかもしれない。

しかし、こういうときこそ気をつけなければならない。二ドルの損失に続き、次の日も二ポイントのマイナスになり、場合によっては一～二週間以内に五～一〇ドルの損失になるかもしれない。今こそ恐れの出番だ。手早く損切りしなければ、のちに多額の損失を出すことになりかねない。損失が膨らむ前に損切りをして、わが身を守るべきである。

利益が目減りして身を滅ぼすことはないが、損が膨らめば悲惨なことになる。投機家は初期の少額の損失を受け入れることで、続く大きな損失から身を守るべきである。そうすれば、のちに優れたアイデアが浮かんだとき、失敗したときと同じだけ別のトレードでポジションが取れる資金が残せるのだ。

投機家は、自らが自身の保険会社であるべきだ。投機ビジネスを継続させるための唯一の方法は、自分の資金を守り、正しいマーケット判断が下せたときに、トレード資金の不足という危機に陥るほどの損失を、けっして出さないように努めることである。

成功している投資家や投機家は、売りであれ買いであれ、優れた根拠に基づいてポジションを仕掛けているに違いないが、最初のトレードをどのタイミングで仕掛けるかについての確たる指針を持っていることも、彼らが優れている大きな要因である。

繰り返す。マーケットが大きなトレンドを形成し始める時期というのは必ずある。そして、投機家の資質と忍耐力を併せ持つ人は皆、最初に仕掛けるべきタイミングを正しく判断するための独自の手法を持っている。

投機を成功させるのは、ヤマ勘などではない。一貫して成功を収めるためには、投資家や投機家は自らを導くルールを持たなければならないのである。私自身が利用するルールのなかには、ほかの人にとっては意味のないものもあるかもしれない。では、そのルールが私にとって計り知れないほどの価値があるのなら、なぜほかの人にとっても同様に役立たないのか。それは、百パーセント正しいルールなど存在しないからである。

お気に入りのあるルールに従うとき、私は対処法をわきまえている。手持ちの株が予想どおりに動かなければ、まだ機が熟していないと判断を下し、即座にポジションを閉じる。数日後には、同じ指針が再エントリーのサインを出し、それに従うことになるだろう。それはおそらく、百パーセント正しい指示なのである。

時間と労力を惜しまずに値動きを研究する気概のある人は皆、いずれ独自の指針を作り上げられるだろう。そして、その指針は将来のトレードや投資でその人の助けとなるはずだ。本書では、私自身の投機経験においてその価値を見いだした事柄について書き記していく。

多くのトレーダーは平均株価指数のチャートや記録を付け、上下する値を追いかけている。これらのチャートが時として明確なトレンドを指し示すということに疑問の余地はない。だが私個人としては、チャートにはまったく興味がない。私にとってチャートは混乱を来すもとである。とはいえ、ほかの人がチャートを付けるのと同様に、私も熱心に記録を付けている。どちらが正しいとは言えない。

　私が記録を付けるのは、その記録法を用いることで市場の全体像を明確に把握できるからだ。しかし、重要な値動きを予測するのに私の記録が本当に役立つようになったのは、時間的要因を考慮に入れ始めてからである。正確な記録を付け、時間的要因を考慮に入れることによって（このことは後述する）、**重要な値動きをかなりの精度で予測することが可能**だと私は考えている。だが、これを実践するには忍耐が必要である。

　単一の銘柄、あるいは複数業種にまたがる銘柄についてよく調べ、自分の記録と併せて時間的要因を正しく考慮すれば、遅かれ早かれ大きな値動きが予測できるようになるだろう。記録を正確に読み取れば、どの業種においても先導株を選ぶことになるはずだ。

　繰り返すが、絶対に自分で記録を付けなければならない。ほかの人にその作業を委ねてはならない。自分で行うことで、いかに多くの体系的アイデアが得られるかに、あなたは驚くであろう。そのアイデアは自分以外のだれも与えてくれない。なぜなら、それは自分の発見であり、秘密であり、自らの内に秘めておくべきものだからである。

本書には、投資家や投機家にとっての禁止事項をいくつか盛り込んでいる。重要なルールの一つは、投資をするのなら、投機的な要素を排除しなければならないということである。単に株を買って代金を支払ったあと、何もしなかったせいで、莫大な損失を出すことになった投資家は少なくない。

投資家がこんなことを言うのを耳にした人は多いだろう――「私は株価の変動や追証を心配する必要はないんだ。一度も投機をしたことはないからね。株は投資のために買ってるんだし、株価は下がってもいつかはまた上がってくるものだから」。

このような投資家にとっては不運な話であるが、投資に最適だと購入した多くの株が、のちに状況が大きく様変わりするという事態に遭遇する。いわゆる「投資用の株」はしばしば、まさに投機的な株になるということだ。倒産で紙切れ同然になることもある。最初は「投資」だったものが、元金と共に跡形もなく消えてしまうのである。

こうしたことが起こるのは、永久に持ち続けようと「投資」したはずの株について、将来その収益力を脅かすような状況に陥る可能性を認識していなかったためである。投資家がこの状況の変化に気づく前に、すでに投資価値は大幅に下がっているのだ。

よって投資家は、優れた投機家が行っているのと同様の資産管理をしなければならない。そうすれば、「投資家」を自称する人々が不本意にも気づいたら投機家になっていたり、運用資産が大幅に目減りしたりするといった事態に陥らずに済むであろう。

かつて、手持ちの資金を銀行に預けるよりも、ニューヨーク・ニューヘブン&ハートフォード鉄道に投資するほうが安全であると考えられていた時代があった。一九〇二年四月二八日、ニューヘブンは二五五ドル。一九〇六年一二月、シカゴ・ミルウォーキー&セント・ポール鉄道は一九九・六二ドル。同年一月、シカゴ・ノースウエスタン鉄道は二四〇ドル。その年の二月九日、グレートノーザン鉄道は三四八ドルであった。全銘柄とも十分な配当が支払われていた。

のちにそれらの「投資」はどうなったのか。一九四〇年一月二日のそれぞれの株価は以下のとおりだ。ニューヨーク・ニューヘブン&ハートフォード鉄道は〇・五〇ドル、シカゴ・ノースウエスタン鉄道は一六分の五ドル（約〇・三一ドル）、グレートノーザン鉄道は二六・六二ドル二分の一。その日シカゴ・ミルウォーキー&セント・ポール鉄道の値は付かなかったが、三日後の一月五日には〇・二五ドルで取引されていた。

以前は確実な投資と目されていながら、現在はほとんど、あるいはまったくの無価値になっている銘柄など、枚挙にいとまがない。こうして素晴らしい投資は崩壊し、それに伴っていわゆる保守的な投資家の財産は絶え間ない富の分配にのみ込まれていくのである。投機家は株式市場で金を失ってきた。しかし私が思うに、そうした投機による損失額は、自分たちの投資を放置していた投資家と呼ばれる人々が失った莫大な損失額と比べれば少額であろう。

私に言わせれば、投資家はビッグギャンブラーだ。彼らは賭けをし、それを放置し、もし賭けに負ければすべてを失う。投機家も同じ時期に買うかもしれない。だが彼らが賢明で、きちんと記録を付けていれば、危険を知らせるシグナルに気づくであろう。そして迅速に行動することで損失を最小限に抑え、マーケットに再び足を踏み入れるための好機を待つはずである。

ある銘柄が下落し始めれば、どこまで下がるかはだれにも分からない。同様に、長期にわたる上昇トレンドを形成した銘柄がどこで天井を付けるかは、だれにも言い当てられないのである。

最重要事項として念頭に置くべきことがいくつかある。

第一に、値が上がりすぎているという理由で株を売ってはならない。一〇ドルだった株価が五〇ドルまで上昇するのを目にすれば、高すぎると判断するかもしれない。だが、それは好調な収益の状況や良好な企業経営下において、五〇ドルが一五〇ドルまで上昇するのを妨げる要因が存在するかを見極めるべきタイミングなのだ。多くの人は、株価が単に「高すぎるように思える」という理由から、長期間上昇してきた株を空売りして投資資金を失ってきたのである。

逆に、前の高値から大幅に下落しているという理由で株を買ってはならない。その下落には、おそらく十分な理由があるはずだ。たとえ現在の水準が安いと思われたとしても、まだまだ高い可能性があるのだ。過去の高値は忘れ、タイミングと価格を組み合わせた手法に基づいて検証しよう。

驚く人が多いかもしれないが、私は自分の株価記録から上昇トレンドが進行中であると見れば、通常の押しのあとに新高値を付けると買いに出る。売りの場合も同様である。なぜか。それはその時点でのトレンドに従っているからだ。私の場帳が前へ進めとシグナルを発しているのだ！

私はけっして押し目買いや戻り売りをしない。

そして、もう一つのポイントがある。最初のポジションで損が出ている場合、増し玉は絶対にしない。**けってしてナンピンをしてはならないのだ。**この考えを心の内に深く刻み込んでおいてもらいたい。

第2章　株が正しく動くのはいつか？

When Does a Stock Act Right?

株には人間と同じように特徴や個性がある。神経質で激しく動く株があると思えば、素直で論理的な動きをする株もある。観察を続ければ、個々の銘柄について理解を深め、特性がつかめるようになる。そうなれば、さまざまな状況下での値動きは予想可能になる。

マーケットは絶えず動いている。単調な相場もあるが、同じ価格で静止することはなく、常に小刻みに上下している。そして、ひとたび明確なトレンドを形成すると、自動的かつ一貫してその方向に沿って進むのである。

株価が動き始めた最初の数日間は、出来高の急増と共に徐々に価格がせり上がっていくはずだ。その後、私が「ノーマルリアクション」と呼ぶ下落が起こる。その際、株価上昇中に膨らんでいた売買高は一気にしぼむ。そうであれば、この浅い押しは正常な動きだ。正常な値動きを恐れてはならない。しかし、異常な値動きには十分な警戒が必要だ。

一両日中に上昇が再開され、出来高が増えるであろう。これが本物の上昇トレンドであるならば、正常な値動きであるノーマルリアクションによる下落を短期間のうちに回復し、新たな高値圏で取引されるようになる。この上昇は、日々の浅い押しを伴いながら、数日間は力強く続くはずである。

遅かれ早かれ、次のノーマルリアクションが起こるべきポイントに到達する。そのポイントに達すると、最初のときと同様のパターンをたどるだろう。なぜならそれは銘柄を問わず、真のトレンドが生じているときのパターンだからである。

トレンドの初期、前の高値から次の高値への上昇幅はそれほど大きくない。だが時間がたつにつれて、株価は加速度的に上昇していくはずである。

例を挙げて説明しよう。

五〇ドルから株価が上昇し始めたとする。最初の上昇では五四ドル近辺まで徐々に値を上げる。その後、一日ないし二日のノーマルリアクションによって五二・五ドル辺りまで押すかもしれない。三日後にはまた上昇し始める。

続いて五九～六〇ドルまで値上がりし、次のノーマルリアクションが起きる。しかし、今回のリアクションは、一～一・五ポイント程度にとどまらず、優に三ポイントぐらいは押す可能性が高い。

数日後に株価が再度上昇を始めるときの出来高は、上昇開始期と比べるとはるかに少なくなっているだろう。株はさらに買いづらくなっていく。

こうして、上昇ポイントの到来がどんどん早くなっていき、株はいとも容易に前の高値の六〇ドルから六八ドルあるいは七〇ドルまで、リアクションを経ることなく上昇していく。

リアクションが実際に起きるときは、より激しいものになるかもしれない。通常の下落であっても簡単に六五ドルまで下げるかもしれない。だがその押しが五ポイントかそこらであれば、株価が再び上昇に転じるまで、それほど時間はかからず、新高値を付けるはずである。そして、時間的要因が重要性を増してくるのはそこなのだ。

株を手放すポイントを探るべきときが来た。相当な含み益に達しても忍耐が必要だが、危険シグナルへの警戒だけは怠ってはならない。

株価は再び上昇を始め、一日で六～七ポイント値上がりし、次の日には大商いで八～一〇ポイントくらい値を上げる。しかし、その日の引け際になって突然、七～八ポイントの異常な急落がある。翌朝、株価はさらに一ポイントくらい下げたあと、また上げ始めて非常に強気の引けとなる。だが翌日、どういうわけか上昇が続かない。

これは危険が差し迫ったことを示すシグナルである。株価上昇の局面において、自然かつ正常な押しは幾度もあった。だがその後突然、異常なリアクションが起こる。「異常」とはつまり、それまでにはなかった、**同一取引日における**最高値から六ポイント以上の下落であり、マーケット的に何らかの異常な事態が起きたとすれば、それは看過できない危険シグナルの点灯なのである。

株価が時折、下落を経ながら順行している間、我慢強く株を手放さずにきた。今こそ危険シグナルに従ってマーケットを去る勇気と分別を持つべきだ。

これらの危険シグナルが常に正しいと言っているわけではない。なぜなら前述したように、株価の変動に関して百パーセント適用可能なルールなどないからである。しかし、危険シグナルに一貫して注意を払う姿勢があれば、長い目で見ると莫大な利益を得ることになるであろう。

非凡な才能を持つ投機家がかつて私にこう言ったことがある。

「私は危険シグナルが点灯すれば有無を言わずに従う。とにかく手仕舞う！　数日後、何も問題がないようならいつでも戻れるのだから。そうすることで不安を抱かなくて済んだし、資金を守ることもできた。線路を歩いていて急行列車が時速六〇マイルで私を目がけて走ってきたら、線路をそのまま歩き続けるという愚かなことはしないで、脇にどいて列車をやり過ごす。列車が通り過ぎたらいつだってまた線路に戻ることができるのだから」。私はそれを投機における賢明な教えとして常に心に銘じている。

賢明な投機家は皆、危険シグナルを常に警戒している。ほとんどの投機家が抱える問題は彼らの心の中にあり、手仕舞うべきときにそうする勇気が持てないことだ。彼らがためらい、二の足を踏んでいる間に、マーケットが何ポイントも逆行する。すると「次の上昇で手仕舞うぞ！」と思う。ついに上昇すると少し前の決意など忘れ、マーケットは再び調子を取り戻したと考える。しかし、その上昇は単なる一時的な戻りであり、その後マーケットは本格的な下落局面に入る。決断をためらったがために、マーケットに取り残されるのだ。もし彼らに指針があれば、多額の資金を守るばかりでなく、不安な思いもせずに済んだであろう。

繰り返し述べるが、ヒトの人間的な側面が平均的な投資家や投機家にとっての最大の敵になる。大幅な上昇後に値を下げたあと、反発しないと言えるのだろうか。

もちろんいずれは上昇する。だが望むタイミングで上昇するだろうか。たぶんそうはならないし、たとえ本当に上昇したとしても、優柔不断な投機家はその機をとらえることができないだろう。

私が投機を真剣なビジネスと考えている人々に対して声高に、繰り返し伝えようとしていること、それは**希望的観測は捨てろ**ということである。また、毎日、あるいは毎週投機をすることは成功につながらないし、そもそもやるべきトレードは年にたったの数回、おそらく四～五回しかないということである。トレードをしていない間は、マーケットが始動して次の大きな動きが現れるまで静観するのだ。

もし大きな値動きのタイミングを正確に計ることができたら、最初のトレードの初期段階で含み益が出るだろう。その後に必要なのは、油断なく警戒し、マーケットを下りて利益を確定せよと告げる危険シグナルが現れないかを注視するだけである。

覚えておいてほしい。あなたが何もしていないとき、明けても暮れてもトレードをしなければならないという観念に駆られた投機家たちが、あなたが次に投機するための足場を固めてくれているということを。あなたは彼らの過ちから恩恵を受けるのである。

投機はあまりにも人を興奮させる。投機をする人のほとんどは、証券会社に通い詰め、あるいは頻繁に電話でやり取りし、取引時間が終わるとあらゆる集まりで友人と相場について話し合う。

彼らの頭からはティッカーやトランスラックス（電子表示）が常に離れない。小さな値動きに心を奪われ、大きな値動きを見落としてしまう。大きなトレンドが生じているとき、大半の投機家はたいてい間違った側でトレードをしているのだ。日々の小さな値動きから利益を得ようとあくせくする投機家は、マーケットで重要な変化が起こったとき、その機をとらえることはけっしてできない。

こうした欠点は、株価の値動きとそれらがいかに起きるかについて記録・研究し、時間的要因を注意深く考慮すれば正すことができる。

何年も前、カリフォルニアの山中に住み、三日前の株価しか入手していないのに大成功を収めている投機家の存在を知った。

彼は年に二〜三回サンフランシスコの証券会社を訪ね、売買の注文を出していた。その証券会社によく通っていた私の友人が、興味をそそられ彼に質問をしたという。友人はそこで、その投機家が証券会社から遠く離れたところに住み、めったに訪れることもなく、ごくたまに行くと莫大な量の注文を出すということを知って驚愕した。

のちに彼を紹介されたとき、山奥に住むその投機家に、どうしてそんな離れた場所でマーケットの動きを追うことができるのかを尋ねてみた。すると彼はこう答えた。

「私は投機が本職なんです。もし混沌としたなかで小さな変動に心を乱され続ければ失敗するでしょう。だから冷静でいられるように、マーケットから離れた場所にいたいのです。マーケットで起きたことは記録しているので、そのデータを見ればマーケットがどういう状況にあるかについてかなり明確なイメージが得られます。真の変動は始まった日に終わることはありません。本物の動きが終わるには時間がかかりますからね。

山のなかに住んでいるがゆえに、株価が十分に進展するのに任せることができる状況にあるのです。ですが、毎日、新聞から株価を拾い、場帳に書き留めているうちに、その日が来ます。記録した価格が、しばらくの間明確に描いてきたパターンから外れたことに気づいたその瞬間、意を決するのです。私は街に出て注文を出すのです」

これは何年も前の話だ。山中に住むその男は、長期にわたって株式市場から巨額の金を得た。彼は私にとって刺激剤となった。

時間的要因と過去にまとめてきたさまざまなデータを組み合わせようと、かつてなく懸命に取り組むようになった。そしてたゆまぬ努力の結果、あらゆるデータを融合させることに成功し、それは次に来る大きな値動きを予測するのに驚くほど役立ったのである。

第3章　先導株に従え

Follow the Leaders

マーケットである程度勝ちが続くと、誘惑に駆られて注意力を失ったり、過度に野心的になったりしがちである。そんなときこそ資金を守るために、健全な良識と明晰な思考力が必要となる。適切な指針を守りさえすれば、得た物を失うような憂き目に遭う必要はないだろう。

株価は上下に変動する。それは過去も未来も変わらない。私の考えでは、大きな変動の背景には逆らうことのできない大きな力が存在する。知っておかなければならないのはそれだけである。

価格変動の裏にあるさまざまな理由に興味を持ちすぎるのは良くない。本質的でないことにとらわれて、混乱するというリスクを負うからである。常に値動きはあり、その潮の流れに乗って投機という船の舵を取ることで変動をうまく利用する、そう考えよう。逆風に逆らわず、そして何よりもマーケットを打ち負かそうなどと考えてはならない。

マーケット全体に手を広げるのも危険だということも覚えておこう。つまり、同時にあまりに多くの銘柄に関心を持つべきではないということだ。多くの銘柄を追うよりも、少数の銘柄を見守るほうがはるかに簡単である。私はかつてその過ちを犯して大きな損失に見舞われた経験を持つ。

私が犯した過ちは、ある業種の一つの銘柄がマーケット全体のトレンドとは明らかに逆行し始めたという理由から、マーケット全体に対して完全に弱気あるいは強気の姿勢に転じてしまったことである。新たに建玉する前に、他業種の複数銘柄の値動きから下落（あるいは上昇）が終わったことが追認できるまで、忍耐強く待つべきであった。いずれはほかの銘柄もはっきりとした同様の兆候を示すことになる。その兆候こそ、私が待つべき合図だったのだ。

しかし私は待つことなく、マーケット全体に手を出したいという高くつく衝動に駆られた。こうして、誘惑に負けて良識や判断力を鈍らせてしまったのである。もちろん最初の一～二業種では利益を得た。しかし、決定的瞬間が訪れる前にほかの業種に手を伸ばしたことで、稼いだ金のかなりを失ってしまったのである。

一九二〇年代後半の荒れ狂った強気相場の時代、私は銅関連株の値上がりが幕を閉じたのを明確に見た。その少しあと、自動車関連株の値上がりが最高潮に達した。これら二業種の強気相場が終焉したことで、すべての株を売るべき安全なタイミングが来たと早合点してしまったのだ。これによって、思い出したくもないほどの手痛い損失を味わったのである。

私は銅関連株と自動車株の取引で莫大な含み益を築いていたが、公益事業株の天井を探っていた次の六カ月間で、利益以上の損失を出した。最終的には公益事業をはじめ他業種も天井に達したわけだが、そのころにはアナコンダ（産銅会社）は先の高値よりも五〇ポイント下がり、自動車関連株もほぼ同様に下げていた。

皆さんに強調したいのはこういうことだ。特定の一業種に明確なトレンドが発生したら、それに従って行動を取るべきである。

しかし、その流れに従う第二の業種が現れたというはっきりしたサインが出るまでは、ほかの業種で同様の行動に出てはならない。我慢して待つ。いずれはほかの業種でも最初の業種と同様の兆候が現れるはずだ。ともかくマーケット全体に手を広げないことである。

価格変動について調べるのは、その日に顕著な動きをした銘柄のみに限定しよう。活況に取引され市場をリードするような銘柄から利益を上げることができないなら、マーケット全体から利益を上げられるはずがない。

女性のドレスや帽子やアクセサリーの流行が時代と共に変化し続けるように、株式市場では古い先導株が去り、新しい先導株がその座を占める。

その昔、主要な先導株は鉄道株であり、アメリカン・シュガー＆タバコであった。次に浮上したのは鉄鋼株であり、アメリカン・シュガー＆タバコは片隅に追いやられた。

現在のマーケットを支配するのは、鉄鋼、自動車、飛行機、通信販売という四業種だけである。これらの業種が動くと、市場全体が動く。いずれは新しい先導株が浮上して、古い先導株は退場する。株式市場が存在するかぎり常に、その繰り返しなのである。

同時にあまりに多くの銘柄を追おうとするのは賢明ではない。身動きが取れなくなり、混乱するだろう。分析対象は少数の銘柄にとどめよう。そうしてマーケットの実像をつかんだほうが、マーケット全体を細かくチェックしようとするよりもはるかに容易なはずだ。

四つの注目業種から二銘柄を選んでその経過を正確に分析できれば、ほかがどう動くかを心配する必要はない。「先導株に従え」という言葉を覚えておこう。そして柔軟な考えを失ってはならない。現在の先導株が二年後にもそうであるとは限らないのだから。

現在、私は四つの業種の記録を付けている。だからといって、同時に四業種すべてのトレードをしているわけではない。しかし、それは明確な意図の下に行っていることだ。

はるか昔、初めて株式相場に興味を抱いたとき、私は次に起こる変動を正確に予測する能力を試そうと思った。小さなノートにつもり売買を記録し、常に持ち歩いていた。

やがて初めてのトレードを行うのだが、私はそのトレードを今も忘れることができない。友人と二人で折半してシカゴ・バーリントン＆クインシー鉄道株を五株買い、自分の儲けとして三・一二ドルもの利益を得たのだ。そのとき以来、私は独力で投機家の道を歩んできた。

現在のような状況下では、大量の株式をトレードする古いタイプの投機家たちが成功する可能性は低いと思う。古いタイプの投機家と言うときに私が頭に描くのは、市場が活発で流動性が高く、一人の投機家が一銘柄で五〇〇〇株や一万株というポジションを取って売買しても、株価にさしたる影響を与えることがなかった時代だ。

最初の建玉ののちその株が思惑どおりに動けば、投機家は問題なくさらに玉を積み増すことができた。かつては、たとえそのポジションが間違っていても、多額の損失を出すこともなく容易に手仕舞うことができた。しかし現在、最初のポジションで誤ってしまうと、マーケットにかつてほどの流動性がないため壊滅的な損失を被るだろう。

一方、先に述べたように現在の状況下において、忍耐強く待って行動に移すべき正確なタイミングを判断できる投機家は、最終的に相応の利益を上げる可能性がとても高いと私は思う。なぜなら、現在の相場はかつて頻発していた、まったく予測不能な仕手相場の影響をさほど受けないからだ。

それゆえ現在の状況を踏まえると、賢明な投機家は、以前であればそう常識はずれではなかった大きな規模でのトレードをしようとはしないだろう。業種を限定し、そのなかの少数の先導株を分析する。そして、上昇する前に見ることを学ぶはずだ。なぜなら、研究熱心で合理的思考を持った有能な投資家や投機家が、より安全な利益の機会を得る時代が到来しているからである。

第４章　資金の管理

Money in the Hand

余剰な資金を運用したいと思ったとき、その仕事を他人に任せてはならない。その金額が数百万ドルであろうと数千ドルであろうと、重要な教訓は同じである。それは自分の資金ということだ。きちんと守るかぎり、その資金が失われることはない。誤った投機をするということは、資金を失う確実な方法の一つである。

能力のない投機家による、バカげた誤りは広範に及ぶ。私はナンピン買いをするなと警告してきた。これは非常に犯しやすい過ちである。

ある銘柄を、例えば五〇ドルで購入したとして、二～三日後に四七ドルで買うことができるとなると、もう一〇〇株買うことで平均購入株価を下げたいという衝動に襲われる。五〇ドルで一〇〇株買って三ポイントの下げを気にするのであれば、もう一〇〇株買ってもし株価が四四ドルになったときの不安を倍増させることに、どんな道理があるというのだろうか。そうなれば、最初の一〇〇株で六〇〇ドル、次の一〇〇株で三〇〇ドルの損失を負うことになる。

もしその不合理な原則に従うとすれば、四四ドルで二〇〇株、四一ドルで四〇〇株、三八ドルで八〇〇株、三五ドルで一六〇〇株、三二ドルで三二〇〇株、二九ドルで六四〇〇株と、ナンピン買いを続けることになる。そんなプレッシャーに耐えられる投機家が一体どのくらいいるだろうか。もしそれが理にかなっているというのなら、やればよいのである。もちろん、今述べたような異常な価格変動はよくあることではない。だが投機家が最悪の事態を避けるためには、まさにそういった異常な変動から身を守らなければならないのだ。

そこで、しつこいのを承知のうえで、ナンピン買いをしてはならないということを肝に銘じてもらいたい。

私の知る確実な警告が一つある。それは証券会社からのマージンコール（追加証拠金請求）である。その知らせを受けたら口座を閉じること。自分は間違った側にいる。間違った行動にさらなる金をつぎ込む理由などない。つぎ込む金があるのなら、損が明らかなトレードではなく、もっと魅力的な勝負に賭けよう。

優れた実業家はさまざまな顧客に付けで売っても、すべての商品を一人の顧客に売ることはない。顧客の数が多いほど、リスクがより分散されるからである。これと同じように、投機というビジネスに従事する人は、どんな銘柄であれ、一つの投機対象に投じるのは資金の一部に限定すべきである。投機家にとって現金は、商売人の棚にある在庫と同じなのである。

すべての投機家が陥る致命的な過ちがある。ごく短期間で富を増やしたいという衝動に駆られることだ。二～三年ではなく二～三カ月で資金を五倍にしたいと考える。時にそれが成功することもあろう。だが、そんな向こう見ずなトレーダーが増やした資金を維持できるだろうか。無理だ。なぜだろうか。その資金は急激に転がり込んできた不健全な資金であり、すぐまた出ていくだろう。こういう場合、たいていの投機家はバランス感覚を失っているからだ。

彼は言うだろう。「二カ月で五倍にすることができるなら、あと二カ月でどうなると思う！　ひと財産つくれるさ」

この手の投機家は満足を知らない。いずれ歯車が狂って、予期せぬ激烈で破滅的なことが起こるまで、有り金すべてを賭け続ける。ついにはブローカーから最後の、もはや応じることのできない追証が告げられる。そのとき彼は、時間的猶予を与えてくれるように懇願するかもしれないし、運が良ければ、ささやかな再スタートを切れる資金が残るかもしれない。

小売店を新規に開店する経営者は、初年度に投資額の二五％以上稼げるとは考えないだろう。しかし、投機の分野に足を踏み入れてくる人々にとって、二五％など利益のうちに入っていいない。彼らが期待しているのは一〇〇％だ。だが計算どおりにはいかない。彼らは投機というビジネスの原理に従わないからだ。

もう一つ、投機家にとって覚えておいたほうがよい要点を挙げておく。利益の出るポジションを閉じるたび、利益の半分は別にしておくということだ。投機家がウォール街から持ち出す金とは、トレードで成功したあとに口座から引き出される資金がすべてなのである。

パームビーチでのある一日のことは今も記憶に鮮明に残っている。私は大きな空売りのポジションを保有したままニューヨークを離れた。パームビーチに着いた数日後、マーケットはひどく暴落した。それは「含み益」を確定して現金化するチャンスであり、私は実際にそうした。

市場が引けた後、私の銀行口座に一〇〇万ドル送金するようにニューヨークの証券会社に伝えてほしいというメッセージを電信係に伝えた。電信係は驚きを隠せない様子だった。電報を送信すると、彼はこのメッセージの伝票を取っておいてもよいかと聞いてきたので、私は理由を尋ねた。彼は二〇年間電信係をしてきたが、自分の銀行口座への送金をブローカーに依頼するメッセージを受けたのは初めてだと言う。そして、こう続けた。「顧客に証拠金を請求するブローカーからの電報は無数に受けたことがあります。けれど、あなたのような電報は過去一度もありませんでした。同僚たちに見せてやりたいのです」

投機家が自分の証券取引口座から金を引き出すことができるのは、建玉がないときか、多額の残金がある場合のみである。相場が逆行しているときは、資金のすべてが証拠金として必要になるので、引き出すことはできない。一般的な投機家は利益を出してポジションを閉じても、その金を引き出すことはしないだろう。自分にこう言い聞かせるからだ。「次は二倍にするぞ！」

結果、ほとんどの投機家は本物のお金を目にすることがない。彼らにとって、お金は実体的で触れることができるものではない。何年もの間、トレードで利益を出すたび、私は現金を引き出すことを習慣にしていた。一度に二〇万～三〇万ドルの割合で資金を引き出していた。これは得策であり、心理的価値がある。

現金を引き出すことを方針にしよう。自分がいくら持っているか数えよう。私は、自分の手のうちに何がしかあることを認識し、安心感を得た。それは本物のお金なのだ。

証券口座にあるか銀行口座にあるかによって、同じお金も違う意味を持つ。手に触れられるお金には所有感覚があり、利益を失う無鉄砲な賭けに出たい気持ちを多少は抑える効果があるのだ。したがって、たまには自分が持つ本物のお金に目を向けよう。とりわけ取引をしている合間には。

平均的な投機家は、こういう問題には極めてルーズである。

投機家が幸運にも元本を二倍にできたら、一刻も早く儲けの半分を引き出して蓄えに回すべきである。

この方針は、多くの機会で非常に役立った。たったひとつ後悔しているのは、投機をしてきた全期間にわたって、この方針に従ってきたわけではないことだ。この方針を固守してさえいれば避けられた障害もあったであろう。

私はこれまでウォール街以外で一ドルたりとも得たことがない。しかし、ウォール街から得た何百万ドルというお金を、ほかの投機的事業に「投資」しては失った。フロリダブームで買った不動産、油田、航空機製造業、そして新発明に基づいた製品の製造とマーケティングなどだ。私はいつも一セント残らず失った。

強い興味を抱いた投機的事業の一つに関し、私はある友人に五万ドルの出資話を持ち掛けた。彼は私の話をとても熱心に聞いてくれた。私が話し終えると、彼はこう言った。「ジェシー、本職の投機以外ではどんなビジネスであっても絶対に成功はできないよ。投機資金として五万ドルが必要なら、言ってくれさえすればすぐ出すさ。ただし、よく考えて、ほかの事業には手を出さないことだよ」

翌朝驚いたことに、その額が記された、私の必要としていない小切手が郵送されてきた。

ここで得られた教訓もまた、投機はまさにビジネスであり、だれもがそうみなすべきだということである。興奮状態やお世辞や誘惑に負けてはならない。

ブローカーは時に悪意なしに多くの投機家を破滅させるということを念頭に置いておこう。ブローカーは手数料を稼ぐのが仕事である。彼らは顧客がトレードをしないかぎり手数料を手に入れることができない。トレードするほど、ブローカーにはより多くの手数料が入るのだ。

投機家はトレードをしたがり、ブローカーは彼らの過剰なトレードを望むだけでなく、しばしばそうするように仕向ける。無知な投機家はブローカーを友人のように感じ、過剰にトレードすることになりがちなのである。

もしその投機家が知的で過剰にトレードすべきときが分かるのなら、その行動は妥当であるだろう。彼には時として、自分が過剰にトレードしても問題ない、あるいはそうすべき時期が来たのが分かるのかもしれない。

しかし、いったんその習慣を身につけると、それをやめることができるほど賢明な投機家はほとんどいない。彼らは我を忘れ、成功に不可欠なバランス感覚を失ってしまうのだ。彼らは自分が判断を誤る日もあるなどとは、思いも及ばないのだ。だがその日は意外と早くやってくる。あぶく銭は泡と消え、また新たな投機家が破産する。

経済的破綻のリスクを冒してまで、絶対にトレードしてはならない。

第5章　ピボットポイント

The Pivotal Point

私はこれまで「ピボットポイント」と呼ぶポイントに相場が達するのを辛抱強く待ってから仕掛けたときには必ず、そのトレードは成功した。

なぜだろうか。

それによって、変動初期の絶好のタイミングで、まさに取引を開始できたからである。指標がシグナルを出すと同時に即座に建玉を増やし始めるという、単純な行動を取っただけだが、損失を出すことはまずなかった。

そのあと私がすべきことは、しっかり腰をすえて待ち、相場の成り行きを見守るだけであった。相場そのものの値動きが、しかるべき時期に利益確定を促すシグナルを発すると分かっていたからだ。そして、そのシグナルを待つ度胸と忍耐力があれば必ず、利益を手にできた。

しかし、価格変動の初期に仕掛けなかったトレードでは、けっして多くの利益を得ることはなかった。それは、トレンドの初期に仕掛けていれば得られたはずの利益を取り損ねたことで、変動が終わるまでじっと待ち続ける勇気と、小幅な押し目や戻りをやり過ごすための忍耐力を維持しきれなかったからだ。

マーケットがいずれは仕掛けを指示する明確なシグナルを与えてくれるのと同様に、辛抱強く待つことができれば、ポジションを手仕舞うべきタイミングも示してくれるだろう。**「ローマは一日にして成らず」。重要な本物のトレンドも、一日や一週間では終わらない。**合理的に考えて、マーケットが推移するには時間がかかる。価格変動の大部分がトレンド終焉の最後の四八時間に起こる。そのときこそがマーケットにとどまっているべき最も重要な時間なのである。

例えば、かなりの期間、下降トレンドにあった銘柄が四〇ドルという安値を付けたとしよう。その後、数日間で四五ドルまで急速に戻し、数ポイントの値幅で一週間が過ぎ、再度値を上げて四九・五ドルにまで達する。その後、市場の活気が失われ、数日間は薄商いが続く。

ある日、また売買高が増えて三～四ポイント下げ、そのままずるずるとピボットポイントである四〇ドル近くにまで下落する。このときこそ、マーケットを注意深く見守らなければならないときである。なぜなら、その株の下降トレンドが本格的に再開されるなら、次の意味ある上昇が来る前に、そのピボットポイントよりも三ポイント以上安い値を付けるはずだからだ。

もし四〇ドルより下げない場合、そのときの安値から三ポイント上昇したらすぐに買えという合図である。もし四〇ドルを下抜いても三ポイントまでの下落であれば、四三ドルまで株価が持ち直したら、すぐに買うべきである。

これら二つのどちらかのケースに当てはまれば、たいていの場合、新たなトレンドが始まる兆候であり、その上昇トレンドが確認されれば株価は上昇を続け、四九・五ドルというピボットポイントを三ポイント以上上抜けるであろう。

私はマーケットのトレンドを表すのに「強気」や「弱気」という言葉を使わない。なぜなら私が思うに、株式市場に関して「強気」や「弱気」という言葉を聞くと、すぐにそれが非常に長期間にわたるトレンドだと考える人がとても多いからだ。しかし、そのような明確なトレンドはめったに発生しない。四～五年に一度程度だろう。

だが、その合間には比較的持続期間の短い明確なトレンドが存在する。だから私は「上昇トレンド」や「下降トレンド」という言葉を使う。それが、そのときに何が起こっているかを十分に伝える言葉だからだ。

さらに、相場が上昇トレンドに入ると判断して株を買い、その数週間後に相場が下降トレンドに突入したという結論に達した場合、市場が明確に「強気」または「弱気」にあるという凝り固まった考えを持った人よりも、より簡単にトレンドの反転を受け入れることができるからだ。

株価の推移を時間的要因と関連させるリバモア・メソッドは、三〇年以上にわたり市場の原理を研究してきた成果であり、次に起こる重要な価格変動に対する基本指針を作り上げるのに役立ってきた。

株価の場帳を付け始めたころ、私はその記録法がさほど役立つものではないと気づいた。数週間後、それまでにない考えが浮かんで新たな試みへと駆り立てられたが、最初のやり方よりは多少の向上が見られたものの、なおも望んでいる情報は得られないということが分かっただけであった。

その後、次々と新しい考えが浮かび、そのたびに私は新しいさまざまな記録法で場帳を付けた。徐々にではあるがこういったことを何度も繰り返したのち、以前にはなかったアイデアが生まれるようになり、記録法の一つひとつが価値あるものに仕上がりだした。そして、時間的要因を価格変動と組み合わせ始めたときから、場帳が私に語りかけるようになったのだ！

それ以来、私はそれぞれの記録を別々の方法で組み合わせるようになり、ついにはピボットポイントを確定できるようになった。そしてそれらをどう使えば株式市場で利益を得られるかを実証していった。それ以来、何度も算定方法を変更することで、これらの記録は体系をなし、今日ではだれでも使える汎用的な形に作り上げたのである。

投機家がある銘柄のピボットポイントを断定し、そのポイントにおける値動きの意味を読み取ることができたなら、最初から正しいと確信してトレードを開始することができるだろう。

何年も前、私は最も単純なタイプのピボットポイントトレードで利益を上げ始めた。ある銘柄が五〇ドル、一〇〇ドル、二〇〇ドル、さらには三〇〇ドルと値を上げていったとき、それらピボットポイントを突き抜けたあとには、たいてい急速かつ明白な値動きが起こるのを頻繁に目にしていた。

私が最初にこれらのピボットポイントによって利益を得ようとしたのは、アナコンダという株であった。株価が一〇〇ドルを付けた瞬間に、私は四〇〇〇株の買い注文を出した。

その注文は数分後に一〇五ドルを抜けてようやく成立した。その日、もう一〇ポイントほど値上がりし、翌日、また勢いよく急騰した。七～八ポイントのノーマルリアクションが数回あっただけで、その値上がりは短期間で一五〇ドルを優に超えた。一〇〇ドルのピボットポイントには、危険がまったく存在しなかったのだ。

そのとき以来、私はピボットポイントが存在する大きな取引を逃すことはめったになくなった。アナコンダが二〇〇ドルを付けたときも、同様のトレードで再度利益を上げ、三〇〇ドルのときもまた同じことを繰り返した。しかし三度目は思ったようにはいかなかった。三〇二・七五ドルまでしか値を上げなかったのだ。

明らかな危険シグナルだ。そこで私は八〇〇〇株すべてを売り払った。幸運にも五〇〇〇株を三〇〇ドル、一五〇〇株を二九九・七五ドルで売り抜けた。六五〇〇株は二分以内に売れたが、残りの一五〇〇株をさばくのにはその後二五分かかり、その日の引け値である二九八・七五ドルまで値を下げるなか、一〇〇株あるいは二〇〇株単位で売っていった。三〇〇ドルを下抜ければ急速な下降トレンドに入ると、私は思っていた。

翌朝、大変なことが起きた。アナコンダはロンドンで大きく値を下げ、ニューヨークでさらに大幅に値を下げて寄り付き、数日後には二二五ドルにまで暴落したのである。

ピボットポイントを使って相場の変動を予測するとき、ピボットポイントを突き抜けたあとに株価が思ったような動きをしなかったら、それは警戒すべき危険シグナルであるということを念頭に置いておこう。

先ほどの例にあったように、三〇〇ドルを上抜けたあとのアナコンダの値動きは、一〇〇ドル、二〇〇ドルのケースとはまったく異なっていた。一〇〇ドル、二〇〇ドルを超えたときは、ピボットポイントを通過した直後に少なくとも一〇～一五ポイントの非常に急速な値上がりがあった。

しかし、三〇〇ドルを超えたときは、買うのが難しいどころか、大量の売りが出てもはや上昇の継続は不可能になっていた。よって、三〇〇ドルを超えた直後の株価の動きが、アナコンダは持っていると危険な株になったことを示していたのである。

つまり、ピボットポイントを抜けたあとに起きる通常のパターンに、今回は当てはまらなかったということだ。

別の例を挙げよう。そのとき私はベスレヘム・スチールを買い始める前に三週間、その株価の推移を見守った。

一九一五年四月七日、その株は史上最高値の八七・七五ドルに達していた。ピボットポイントを通過した株はみな急騰していたし、ベスレヘム・スチールは一〇〇ドルを突き抜けるだろうと確信した私は、四月八日に最初の買い注文を出し、九九ドルから九九・七五ドルまで買い増していった。

同じ日に、株価は一一七ドルの高値まで上昇した。その後は小幅な押し目を経ながら休むことなく上向きに飛躍を続け、五日後の四月一三日には一五五ドルという驚くべき高値を付けた。このケースもまた、ピボットポイントを忍耐強く待ち、それをうまく活用した者に贈られる報酬の証しである。

しかし、それでベスレヘムのトレードが終わったわけではない。二〇〇ドル、三〇〇ドル、さらには四〇〇ドルという目もくらむような高値でも取引を繰り返した。

そこまでトレードをやめなかったのは、ピボットポイントを下抜けて株価が値崩れを起こす弱気相場へ転換するシグナルを待っていたからである。最後まで相場についていくことが肝要だ。株価が一線を越えて薄商いになれば、方向転換してポジションを手仕舞えばよいだけなのだ。

ちなみに、ピボットポイントが待ちきれず、その間に楽に儲けられそうなトレードに手を出したときは、たいてい損を出している。

のちに値嵩株にはさまざまな株式分割が行われ、その結果、私が今、例示したような機会はそれほど頻繁に起こらなくなった。それでもやはり、ピボットポイントを決定することができる方法がほかにも存在する。

例えば、二～三年前に上場し、史上最高値が二〇ドルの銘柄があり、その高値は上場後間もなく付けたものだったとしよう。もしその企業に関連して何らかの好ましいことが起こり、株価が上昇を始めた場合、新高値を付けると同時に買うのはたいてい安全なトレードである。

またある銘柄は、五〇ドルから六〇ドル、七〇ドルと値を上げていき、その後一～二年の間は高値と安値のレンジが値幅約二〇ドルの間にとどまるかもしれない。もしその後、先の安値を下回ることがあれば、その銘柄は暴落する可能性が高い。

なぜだろうか。それは、その企業に関連して何らかの問題があったに違いないからだ。株価の記録を付け、時間的要因を考慮に入れることによって、急速な値動きが始まる前の、トレードを仕掛けるべきピボットポイントを数多く見つけることができるであろう。

しかし、これらのポイントを利用するためには忍耐が必要となる。自らの手で場帳に書き込んだ株価の推移を研究し、ピボットポイントがどの価格で起きるかを書き留めるといったことに、時間をかけて取り組まなければならないのだ。

ピボットポイントを研究してみれば、それが個人的リサーチにとって魅力的かつ絶好の分野であることが分かるだろう。自らの判断に基づいて成功したトレードからは、まれに見る喜びと満足感が得られるはずだ。他人からの情報や指図によって手に入るかもしれないどんな利益よりも、はるかに満足度が高いことに気づくであろう。自分でポイントを見いだし、自らの手法でトレードし、我慢強く待ち、危険シグナルに注意すれば、的確なトレード感覚を身につけていくことができるに違いない。

のちの章では、さらに複雑なピボットポイントを決定するための、私独自の方法を、リバモア・メソッドと併せて詳細に説明する。

他人からの情報や助言をもとにトレードしても、利益を得ることはほとんどない。多くの人は情報を求めるが、その利用法を知らない。

ある晩ディナーパーティーで、マーケットの情報が欲しいと一人の婦人が執拗に私にせがんできた。弱った私は、その日ピボットポイントを抜けたセロ・デ・パスコを買うように言った。

その株は、翌朝の寄り付きから上げ始め、一週間で一五ポイント上昇し、その後すぐ株価の動きが危険シグナルを発した。私は婦人の質問を思い出し、その株を売るようにと、急いで妻に電話をかけさせた。するとなんとも驚いたことに、彼女はその株をまだ買っていなかったのである。まずは私の情報が正しいかどうか様子見をしていたのだ。

他人から得た情報なんて、そんなものである。

商品市場では魅力的なピボットポイントが頻繁に現れる。ココアはニューヨーク・ココア取引所で取引される。長年の間、この市場が投機的な値動きを示したことはあまりない。にもかかわらず、投機をビジネスと考え大きなチャンスを求めるならば、必然的にすべてのマーケットから目を離すべきではない。

一九三四年、ココアの一二月限オプションの高値は二月に付けた六・二三、安値は一〇月に付けた四・二八であった。一九三五年の高値は二月に付けた五・七四、安値は六月の四・五四であった。一九三六年の安値は三月の五・一三であった。しかし同年八月、何らかの理由でココア市場の様子は一変した。取引高が急激に増えて二つのピボットポイントを抜け、過去二年の高値をはるかに上回る六・八八まで上昇していた。

九月には七・五一の高値を付け、一〇月、一一月、一二月の高値はそれぞれ八・七〇、一〇・八〇、一一・四〇、一九三七年の一月には一二・八六にまで達し、数回の小さなノーマルリアクションを経ただけで、五カ月間で六〇〇ポイントもの上げを記録した。

何年もパターン化した値動きを繰り返してきていたココアがこのような急速な値上げをしたのには明らかな理由があった。深刻なココアの供給不足である。ピボットポイントの到来を注視していた人々は、ココア相場の素晴らしいチャンスを見逃さなかっただろう。

場帳に価格を書き入れ、その動向を観察すると、価格が語りかけてくるようになる。突然、書きためた記録がある一定の形を形成しつつあるのに気づくのだ。そしてそれは、形成されつつある状況を明確に伝えようと、必死に訴えかけてくる。さらには、過去の記録までさかのぼり、同様の状況が前回起きたときに、どんな重要な値動きをしたか、確認することを促してくる。その値動きを注意深く分析して優れた判断が下せれば、どうすべきかが分かるはずだと語りかけてくるのである。

その価格パターンは、「すべての重要な値動きは単に同様の値動きの繰り返しにすぎない」こと、過去の値動きに精通できれば来る変動を正確に予測して、利益を上げられるということに気づかせてくれるであろう。


私が強調したいのは、これらの記録が私の役に立つという点はさておき、それが完璧な予測法だとは考えていないということだ。将来の価格変動を予測するための土台がここにある。自ら記録を付けてそのデータを研究すれば、だれもが利益を上げられるはずである。私の手法に従う人々が、将来私以上の利益を得たとしても私は驚きはしないだろう。

つまり、現在のメソッドは私が自らの記録を分析した結果として生み出されたものであるが、私のメソッドを利用し始めた人々が、私の気づかなかった新しい重要なポイントをいとも簡単に発見するかもしれないということだ。

さらに言えば、過去にこの手法を私なりに用いることで、個人的な目的はすっかりかなえてしまったので、あえてそれ以上探求したことがないということである。しかし、だれかがこの基本的な手法から新たなアイデアを確立させるかもしれないし、それが活用できれば、私の基本的な手法の価値もさらに高まるだろう。

たとえそうすることができる人が現れたとしても、私はその成功をねたんだりはしないので、ご安心を！

第6章　一〇〇万ドルの損失

The Million Dollar Blunder

これ以降の章の目的は、一般的なトレード原理を示すことである。のちほど時間的要因と株価を組み合わせる私のメソッドの具体的説明を行う。

一般的なトレード原理に鑑みると、衝動的な売買をしたり、分割せずに買ったりする投機家があまりにも多すぎる。それは間違いであるし、危険でもある。

ある銘柄を五〇〇株買いたいとしよう。まずは一〇〇株買う。その後、上昇すればもう一〇〇株買う、ということを繰り返すべきだ。購入価格は常に前回よりも高くなければならない。

空売りのときにも同じルールを用いるべきである。前の売値よりも高い価格で追加の売り玉を建ててはならない。このルールに従うことによって、私がよく知るほかのどの方法よりも正しい側でトレードする可能性が高まるのだ。

買ったあとに相場が上昇すれば、その相場の流れに乗ってさらに買い増す、同様に、売ったあとに相場が下落すればさらに売る。それが可能であるということこそ、先のトレードで利益が出ているという証しである。そして、トレードで実際に利益を出しているという事実こそが、正しい行動を取っているという証拠なのである。

私のトレード法に基づくのであれば、まず特定の銘柄に関しての状況を判断すること。次に、どの価格で最初に仕掛けるかを決定することが重要である。場帳をよく観察し、過去数週間の価格変動を注意深く調べよう。選んだ株が、「そこに達すれば価格変動が本格的に始まる」と考えていたポイントに達したら、最初のトレードを仕掛ける。

それが済んだら、予測が万が一間違っていた場合の損切りポイントを明確に決めよう。このトレード法に基づいてトレードしても、損を出す可能性はある。だがしっかりと腰を据え、ピボットポイントをとらえて再度エントリーすることを怠らなければ、本物の変動が始まったときにマーケットから取り残されることはない。それは長くとどまるべき魅力的なマーケットだ。

慎重にタイミングを計ることが重要だ。短気を起こすと手痛い目に遭う。

ここで、私がかつて我慢しきれずに時機を見誤ったことから、一〇〇万ドルの利益を失った事態の経緯を話そう。これを語るとき、私は恥ずかしさのあまり顔をそむけたい気持ちになるのだが……。

何年も前、私は綿花相場で非常に強気に傾いていた。綿花が大きく値上がりするという自信があった。しかし、よくあることだが、マーケット自体が始動体勢を整えていなかった。にもかかわらず、私は考えをまとめるや否や、綿花相場に首を突っ込んでしまったのである。

最初の取引は二万ベイルを成り行きで買った。この買い注文は、活気のない相場を一五ポイント押し上げた。だが最後の一〇〇ベイルの注文が通ったあと、相場は二四時間で私が買い始めたときの価格まで下落した。その後マーケットには何日間も値動きがなく、ついにはうんざりしてすべてを売り、手数料を含めて約三万ドルの損失となった。当然ながら、最後の一〇〇ベイルが売れた価格は、その押しの最安値であった。

数日後、綿花相場がもう一度私に訴えかけてきた。私は綿花を頭から消し去ることも、大きな変動になるだろうという元の考えを変えることもできなかった。

そこでまた二万ベイル買った。すると同じことが起きた。私の買い注文を受けて相場は上向きに跳ね上がり、その後すぐに急降下したのだ。待つことにいらつき、またも買い玉を売り、最後のポジションはまた最安値で約定した。

この高くつく取引を六週間で五回繰り返し、各取引において二万五〇〇〇～三万ドルの損失を出した。我ながら情けなかった。約二〇万ドルを少しの満足も得ることさえなしに徐々になくしていったのだ。

そこで、私が翌朝やって来るまでに綿花相場のティッカーを取り外しておくよう部下に命じた。これ以上、綿花相場を見たいという誘惑に支配されたくなかったのである。すっかり意気消沈して、投機の場で常に必要とされる明晰な思考などできそうになかった。

その後何が起きたか。

綿花相場のティッカーを外し、綿花の玉をすべて売り払った二日後に相場は上昇し始め、最終的に五〇〇ポイント上昇したのである。その目を見張るような上昇の間には、四〇ポイント程度の押しが一度あっただけだった。

このようにして、私はかつて見いだした最も魅力的で確実なトレードのひとつで利益を取り損なった。そこには二つの根本的な理由があった。

第一に、私は取引を始めるに当たり、価格に関して絶好のタイミングを我慢して待つことができなかった。綿花が一ポンド当たり一二・五セントまで上げることがあれば、はるかに高い価格に向かうことが私には分かっていた。だが私にはそれを待つ自制心が欠けていたのだ。

綿花が買いポイントに達する前に手早く小銭を稼いでおこうと思い、マーケットの機が熟する前に行動に出てしまったのだ。それによって現金で約二〇万ドルを失ったばかりか、一〇〇万ドルの利益をも逃がしてしまった。

ピボットポイントを突破したら一〇万ベイルまで買い増していくという、頭の中ですっかり出来上がっていた最初の計画に従わなかったのだ。そのとおりにしていれば得られたはずの、二〇〇ポイント以上の利益を取り逃がしたのである。

第二に、私は判断を誤ったというだけの理由で腹を立て、綿花相場に嫌気が差して放り出し、正しい投機の手順に従わなかった。すでに得ていた予測や計画を後押しする格好のタイミングを待つ忍耐力の欠如が、すべての敗因である。


私はそれ以来、だれもが自ら学ぶように、間違えたときは弁解すべきではないということを学んだ。とにかく過ちを認め、過ちから教訓を得る努力をしよう。われわれは皆、自分が誤れば、それに気づく。投機家の誤りはマーケットが教えてくれる。実際に損が出ているからだ。

自らの判断の誤りに気づいたら、すべてを手仕舞い、損を受け入れ、笑みを絶やさず誤りの原因を突き止めるために記録を精査し、次の大きなチャンスを待とう。長期に及んだ最終的な結果にこそ、投機家は関心を持つべきである。

やがて、マーケットが教えてくれるより前に、自ら過ちに気づくことができる変動感覚が磨かれてくるようになる。それは潜在意識からの警告だ。過去のマーケットパフォーマンスから得た知識に基づく、自己の内面からのシグナルである。時に、それはトレードメソッドの発するシグナルに先んずる。もう少し詳細に説明しよう。

一九二〇年代後半の大強気相場において、かなりの期間にわたり、相当数の銘柄の株を保有していた時期があった。この期間中、ナチュラルリアクションがどれだけ起ころうとも、けっしてポジションに関して不安を抱くことはなかった。

だがそのうち、マーケットが閉まったあと、そわそわして心を落ち着けられないときが来た。その晩は熟睡もできない。何かが私を覚醒させ、マーケットについて思いを巡らせ始めた。翌朝は新聞を見ることさえ恐ろしかった。何か不吉なことが今にも起こりそうに思われた。

しかし、おそらくすべてがバラ色で、私のこの奇妙な感情は根拠のないものかもしれない。マーケットはさらに高値で始まる。市場の動きは申し分ない。まさに相場の絶頂だ。眠れない夜など一笑に付す者もいるだろう。しかし、私はそんな笑いを抑制するすべを学んでいた。

翌日、状況は際立って変化した。悲惨なニュースがあったわけではない。一方向へ進む長期にわたる変動ののちに起きる、よくある突然のマーケットの転換である。その日、私の動揺は本物になる。急いで大量のポジションを清算する羽目に陥った。前日であれば、天井から二ポイント以内で建玉すべてを手仕舞えたはずだ。昨日と今日でなんたる違いだろう。

相場的には希望に満ちた状況にあるさなか、奇妙な気分が内から沸いてきて、それがしばしば危険シグナルを発するという、同様の経験をした相場師は少なくないはずである。それはマーケットを長年研究し、実践を積んできたことで身につく、特異な能力のひとつである。

正直に言えば、私はこの内なる警告には疑念を持っており、通常は冷静な科学的手法を優先させる。しかし、静かな海を航海しているようなときに感じた大きな不安に注意を払うことによって、かなりの恩恵を得てきたというのも事実である。

トレードにおけるこの奇妙な直感が興味深いのは、行く手に存在する危険を察知するのはマーケットの動きに敏感な人々や、科学的手法に従って価格変動を判断しようと考える人々だけであるように思われるからだ。大衆投機家は、小耳に挟んだ情報や何らかの公表された意見を基に、強気・弱気を決めているにすぎないのである。

あらゆるマーケットで投機をしている何百万もの人々のうち、すべての時間を投機に費やしているのはほんの一握りにすぎないということを念頭に置いておこう。大多数の人にとって、投機は行き当たりばったりで、手痛い出費に終わる。知的な実業家や専門家や引退者ですら、投機を手軽なサイドビジネスととらえている。彼らのほとんどは、ブローカーや証券会社の顧客係からおいしい情報が与えられたときしか、株式取引をしないであろう。

また、大企業の役員を務める友人から最新のインサイダー情報を入手したからという理由で、トレードを始める人も少なくない。その例え話をしよう。

あなたが企業の役員である友人に、昼食会かディナーパーティーで会ったとしよう。しばらくは一般的なビジネスの話をするだろう。

その後、イケテル社について尋ねてみる。そう、業績は好調だ。ちょうど危機を脱し、将来の見通しは明るい。この会社の株はその時点で本当に魅力的である。

「とてもいい買い時だよ。わが社は過去数年と比較して大幅増収になる見込みなんだ。以前うちの業績が良かったときの株価がいくらだったか、もちろん覚えているだろう、ジム」と、友人はおそらく本心から言うだろう。

あなたはその話に心を突き動かされ、すぐさま株を買う。すべての報告書が前四半期比で増益を示している。特別配当が発表され、株価はうなぎ登りだ。大きな含み益に胸を躍らせる。

ところがやがて業績がひどく悪化し始める。その事実をだれからも知らされることはなく、あなたが知ることになるのは株価が急落したという事実だけである。急いで友人に電話する。

「ああ、株価は暴落だ。でも単なる一時的な下げだと思うよ。売上高がやや減っているんだ。それを知った弱気筋がうちの株を標的にしている。空売りが原因だよ」と友人は答える。

彼はありきたりの言葉を並べて本当の理由を隠すかもしれない。というのも、彼とほかの経営陣は間違いなく自社株を大量に保有しており、自社に深刻な業績の落ち込みの兆しが現れて以降、売れるだけ売っているに違いないからだ。本当の理由を話せば、あなたという売り手を増やすことになり、あなたの友人もそれに加わるかもしれない。これは自衛本能とでも言うべきものなのである。

このとおり、企業の内情を知る役員である友人は、自社株の買い時を教えてくれるであろう。しかし、彼は株の売り時を言うことはできないし、言おうともしないはずだ。それは経営陣仲間に対する背信行為に等しいからである。

皆さんには常に小さなノートを持ち歩くことを勧めたい。

興味深いマーケット情報、将来役に立つかもしれない考え、ときどき読み返すことになるだろう方針、価格変動に関する自分の相場観などを書き留めておこう。そしてこの小さなノートの最初のページに、必ず手書きでこう書くことをお勧めする。

「インサイダー情報に用心しろ！　すべてのインサイダー情報に」

投機や投資の世界において声高に言われることはないが、これらの二つのビジネスで成功するのは、本当に努力した人だけである。一獲千金などない。それは一文なしの流浪者の話と似ている。

腹が減った流浪者は図々しくもレストランに入って注文する。「でかくてうまい、分厚くて肉汁たっぷりのステーキを頼む」。そしてウエーターに付け加えてこう言った。「支配人に急げと言うんだぞ」。間もなくウエーターはのんびり歩きながら戻ってくると、哀れっぽく言った。「そんなステーキがここにあるんなら、自分で食べるってさ」

もし楽に手に入る金がその辺に転がっていたとしても、だれもその金をあなたのポケットに入れてはくれないのである。

第7章　三〇〇万ドルの利益

The Three Million Dollar Profit

前の第6章では、時機を待つ忍耐力に欠けていたために、莫大な利益を取り逃した取引の詳細について述べた。本章では私が好機をとらえ、絶好のタイミングを待ったことで大きな利益を得た例を説明しよう。

一九二四年の夏、小麦は私がピボットポイントと呼ぶ価格に達したので、最初に五〇〇万ブッシェルの買い注文を出した。当時の小麦市場は出来高が非常に多かったので、この規模の注文が成立しても価格にさほどの影響はなかった。もし株式で同様の注文をしたとすれば、五万株に相当したであろう。

この注文が執行された直後、マーケットは数日間停滞したが、ピボットポイントを下回ることはなかった。市場はその後再び上昇を始め、前の変動で付けた高値よりも数セント高くなり、その価格からナチュラルリアクションを経て再び値上がりしたあとは、数日間相場は足踏みした。

次のピボットポイントを上抜けるとすぐ、私はもう五〇〇万ブッシェルの買い注文を入れた。この注文は、ピボットポイントの平均一・五セント上で成立し、このことからマーケットが強い上昇局面を迎えているということを私は悟った。なぜかと言うと、それは、最初よりも二度目の五〇〇万ブッシェルの買い注文のほうがはるかに成立が難しかったからである。

翌日、相場は最初の注文後のようなリアクションはなく、三セント値上がりした。それは、私のマーケット分析が正しければ、まさしくそうなるべき相場展開であった。それ以降、本格的な強気相場と言えるような相場に発展した。

つまり、激しい相場上昇がすでに始まっており、それは数カ月に及ぶであろうと私は見積もっていたのである。しかし私は前途に待つ、起こり得るすべての可能性を十分に理解していたわけではなかった。その後、二五セントの儲けを確定すると、取引をしないまま、相場が数日でさらに二〇セント上昇するのを静観していたのである。

そこで私は、自分が大きな過ちを犯したことに気がついた。もともと持っていなかったものを失うことをなぜ恐れていたのだろう？　勇気と忍耐力を持って最後までマーケットに乗るべきときに、含み益を確定したい強い誘惑に負けたのだ。時機が来て上昇トレンドがピボットポイントに達し危険シグナルが発せられれば、余裕を持って手仕舞えることが分かっていたのに。

そこで私は再びマーケットに参入しようと決心し、先に売った価格よりも二五セント高い平均価格で買った。だが、そのときの私には一回の建玉しかする勇気がなく、その量も私が前回売ったものの半分であった。しかし、そこから私は危険シグナルが警告を出すまでそれを保有し続けた。

一九二五年一月二八日、小麦五月限が二・〇五ドル八分の七という高値を付け、二月一一日には一・七七ドル二分の一まで反落した。

小麦のこの驚くべき相場上昇の間、さらに目を見張るような値上がりをした商品がある。ライ麦である。しかし、ライ麦相場は小麦相場に比べると出来高が非常に少ないため、比較的小規模な買い注文の執行が明白な価格急騰を引き起こすことが予想された。

前述した取引の間、私は個人的にライ麦相場で何度も大規模なトレードをした。同程度の大口の取引をしている者はほかにもいた。そのうちの一人が、数百万ブッシェルの現物の小麦に加えて、先物取引でも数百万ブッシェルの買いポジションを保有し、小麦のポジションを支えるために、現物のライ麦のポジションも大量に保有しているという評判であった。彼はまた、小麦価格の上下動が激しくなると、ライ麦の買い注文を出しているというわさであった。

既述のとおりライ麦相場は相対的に小規模で薄商いなので、大きな買い注文が入ると即座に急騰し、それによる小麦価格への影響は必然的に著しいものであった。このパターンでライ麦が買われると、大衆投機家は小麦買いに走り、その結果として小麦は新高値圏に突入した。

この取引手法は大掛かりな価格変動が終焉を迎えるまではうまくいった。

小麦が反落している間、ライ麦も同様に反落し、一九二五年一月二八日に付けた一・八二ドル四分の一の高値から一・五四ドルまで下落。その間の小麦の二八・三七五セントの反落に対して、ライ麦のそれは二八・二五セントであった。

三月二日、小麦五月限が前の高値から三・八七五セント以内まで回復して二・〇二ドルの値を付けたが、ライ麦に小麦と同じ勢いはなく、かろうじて先の高値よりも一二ポイント八分の一安である一・七〇ドル八分の一という価格に達したのみであった。

そのとき、市場を注意深く観察していた私は、何かがおかしいと強く感じた。なぜなら大強気相場の間ずっと、ライ麦は必ず小麦よりも先に値上がりしてきたからである。ところが今や、ライ麦は穀物市場の先導役になるどころか遅れをとっている。小麦はすでに異常な反落からほぼ立ち直っていたが、ライ麦は約一二セントしか値を戻せていなかった。かつてないパターンである。

そこで私は、ライ麦が小麦に比べて値を戻さない理由を分析する作業に取り掛かった。理由はすぐに明らかになった。大衆投機家は小麦市場への興味は強かったが、ライ麦相場には見向きもしていなかったのだ。もしライ麦市場が前述の投機家だけが操る相場であるなら、なぜ彼は突然その相場を放置するようになったのだろうか。彼がもはやライ麦に興味を持たなくなり相場から撤退したのか、二つの相場に深く関与しすぎたためもはや取引を続ける状況にないか、そのどちらかであると私は結論づけた。

即座に私は、彼がライ麦市場に参加しているかどうかは関係なく、結局のところ価格の推移は同じ結果になるだろうと考え、自分の考えを試してみようと決断した。

ライ麦相場は一・六九ドル四分の三の買い気配だったので、ライ麦の実際の価格を見つけるために、二〇万ブッシェルの売り注文を成り行きで出した。その注文を入れたとき、小麦は二・〇二ドルの値を付けていた。注文が成立する前、ライ麦は三セント値を下げ、注文成立の二分後には一・六八ドル四分の三まで値を戻した。

私はその注文の執行によって、マーケットに出されている注文はさほど多くないことが分かった。しかし私は、その後の相場に関して確たる考えを持っていなかったので、さらに二〇万ブッシェルの売り注文を出してみた。すると同じ結果になった。注文約定前に前回同様三セント値を下げ、約定後の上昇は前回の二セントに対して今回は一セントであった。

　私はまだライ麦相場の情勢における自らの分析に確信を得ていたわけではなかったので、三度目の二〇万ブッシェルの売り注文を出し、同じ結果を得た。相場は再び下落したが、今回は反発がなかった。マーケットはそれ自身のモメンタムで下がり続けた。

　これこそ私が待ち望んでいた相場の手掛かりである。もしだれかが小麦相場で大量の玉を有していて、何らかの理由でライ麦相場を支えられないとすれば（彼の理由が何であろうと私には関係がないが）、彼には小麦相場を支える気がない、あるいは支えることができないのだろうと確信した。

　そこで、私はすぐさま小麦五月限を成り行きで五〇〇万ブッシェルの売り注文を出した。これは二・〇一～一・九九ドルで成立した。その日、小麦は一・九七ドル、ライ麦は一・六五ドル近辺で引けた。最後の注文が二・〇〇ドル以下で成立したことに私は喜んだ。なぜなら二・〇〇ドルはピボットポイントであり、相場がピボットポイントを下抜けたことで持論の正しさを確信したからである。当然、私はこのトレードに関しては何の心配もしなかった。

数日後、私は小麦相場の状況を確かめるため実験的に売ったライ麦を買い戻し、その取引で二五万ドルの利益を得た。

その間、私は小麦を売り続け、一五〇〇万ブッシェルまで売り玉を増していった。三月一六日、小麦五月限は一・六四ドル二分の一で引け、翌朝リバプールでは予定よりも三セント安かったので、換算価格を計算すると、マーケットは一・六一ドル付近で寄り付くはずであった。

そのとき、私は経験上すべきではないと学んでいたことをしてしまった。つまり、市場が始まる前に指値で注文したのだ。誘惑が判断力を鈍らせ、私は一・六一ドルに指値をして、五〇〇万ブッシェルの買い注文を出したのである。

それは前日の終値よりも三・五セント安い価格である。寄り付きは一・六一～一・五四ドルのレンジとなった。私は自分にこう言い聞かせた。「破るべきではないと分かっているルールを破ったのだから自業自得だ」。だがある意味これもまた、相場師の直感が鋭く働いたケースであった。私は自分の注文が指値の一・六一ドルという価格――寄り付きのレンジの最高値――で約定すると信じていた。

よって、一・五四ドルという価格を見たとき、さらに五〇〇万ブッシェルの買い注文を出した。すぐに約定報告を受け取った――「小麦五月限　一・五三ドルで五〇〇万ブッシェルの買い成立」。

私は三度目の五〇〇万ブッシェルの買い注文を入れた。一分以内に報告を受け取った――「小麦五月限　一・五三ドルで五〇〇万ブッシェルの買い成立」。私は当然のごとく、それは三回目の注文が約定した価格だと思った。そこで私は最初の指値注文に関する約定報告を求めた。届いたのは次の内容だった。

「最初にご報告した五〇〇万ブッシェルの約定が、一回目の指値注文分です」

「二回目にご報告した五〇〇万ブッシェルの約定が、二回目の注文分です」

「三回目の注文に関するご報告は次のとおりです。三五〇万ブッシェル　一五三。一〇〇万ブッシェル　一五三・一二五。そして五〇万ブッシェル　一五三・二五」

その日の安値は一・五一ドルで、翌日小麦は一・六四ドルに値を戻した。指値注文がこのように執行されたのは、私の経験上初めてのことであった。私は一・六一ドルで五〇〇万ブッシェルの買い注文を出し、マーケットは私の指値の一・六一ドルからそれよりも七セント安い一・五四ドルのレンジで寄り付いた。レンジの上と下で三五万ドルの差額である。

少ししてシカゴに行く機会があり、私の注文を担当した人物に、最初の指値注文があれほど素晴らしい価格で執行された経緯を尋ねた。

彼は成り行きで三五〇万ブッシェルの売り注文が出ていたことを偶然知っていたのだという。そこで、彼は市場がどんなに安い値で寄り付こうが、取引時間開始後に安い始値の価格で大量の小麦の売り注文が出るのは間違いないと思い、寄り付きのレンジが出るまで待って私の成り行き注文を入れたのだ。マーケット開始前に、私の買い注文が立会場のピットに届いていなければ、小麦相場は寄り付きの段階から凄まじい暴落になっただろうと彼は確言した。

一連の取引を終えた最終結果は三〇〇万ドル以上の利益となった。

この一件は、投機市場における空売りの重要性を示している。なぜなら、空売り筋は最終的には買い手となり、彼らはマーケットのパニック時に貴重な安定剤としての役割を果たしてくれるからである。

現在ではこの種の取引は不可能である。商品取引所管理局が、穀物市場における個人のポジション規模を二〇〇万ブッシェルまでに制限しているからだ。また、株式市場においては数量に関する制限は課されてはいないが、空売りに関しては現行の規則に基づき、単一の投機家が巨額の空売りポジションを建てることは同様にできないのである。

したがって、古い相場師の時代は終わったと言えよう。彼らの座は将来、一獲千金は狙えなくとも、中長期的により多くの利益を手にしてそれを維持できる準投資家に取って代わられるであろう。将来成功する半投資家は、絶好のタイミングに取引をするだけで、結果的には大小すべての変動から、投機志向の相場師がかつて得た利益よりもはるかに大きな利益を実現するだろうと、私は確信している。

第8章　リバモア流マーケットの秘訣

The Livermore Market Key

人生の長い年月を投機に捧げてようやく分かり始めてきたこと、それは、株式市場においては新しいことは何もなく、価格変動は単に過去の繰り返しであり、銘柄によって多少異なっても総体的な価格パターンは同じだということである。

すでに述べたとおり、私は場帳を付ければ価格変動の指針になるかもしれないと思い立ち、熱意をもって作業に取り組んできた。そして、常に将来の変動を予測するのに役立つポイントを見つけるために努力してきた。それは容易なことではなかった。

今では初期の努力を振り返り、なぜその努力がすぐに実り多いものにならなかったのかが理解できる。当時はすっかり投機的な考えにとらわれていたために、小さな変動をとらえてマーケットで売買を繰り返すための方策を編み出そうとしていた。この考えは間違いであり、やがて私は現実をはっきりと認識するようになった。

私はその記録には真の価値があり、いずれはその真価を理解できるようになると信じて場帳を付け続けた。ようやくその秘密が明らかになった。中程度の変動に対しては何の役にも立たないということを、場帳は明白に語っていたのだ。しかし、よく観察すると、大きな変動を予示するパターンのフォーメーションが認知できるようになる。

そこですぐさま、私は小さな変動をすべて無視することに決めた。数多くの価格の推移を徹底的に研究し続けてきたことで、本当に重要な変動の到来に関して正しい考えを持つには、時間的要因が極めて重要であるという認識が突然ひらめいた。私は再び気力を取り戻し、熱心に研究を始めた。私が熱意を注いだのは、小さな変動をもたらす要因の特定であった。私は明確なトレンドが存在するマーケットにおいても、数多くの中程度の変動があるということに気づいた。それはかつては理解の及ばないものであったが、もはや懸念材料ではなくなった。

私はナチュラルリアクションや、ナチュラルラリーの始まりが何であるかを知りたかった。そこで価格変動の幅を調べ始めた。

最初、私は一つのポイントを計算の基点とした。しかしこれはうまくいかなかった。その後ポイントの数を一つずつ増やしていき、最終的にナチュラルリアクション、あるいはナチュラルラリーの始まりを形成すると私が考えるポイントにたどり着いた。

全体図を単純化するために、一枚の紙を印刷して目立つ縦線を引き、「将来の変動を予測するための図」と名づけた。一つの銘柄に六列を使用する。各列には項目名がついている。

一列目「セカンダリーラリー（SECONDARY RALLY）」
二列目「ナチュラルラリー（NATURAL RALLY）」
三列目「上昇トレンド（UPWARD TREND）」
四列目「下降トレンド（DOWNWARD TREND）」
五列目「ナチュラルリアクション（NATURAL REACTION）」
六列目「セカンダリーリアクション（SECONDARY REACTION）」

三列目の上昇トレンドに数字を書くときは、黒インクで記入する。一、二列目には鉛筆を使う。四列目の下降トレンドに数字を書くときは、赤インクで記入する。そして五、六列目も鉛筆で記入する。

このように、上昇トレンドや下降トレンドのいずれかの列に価格を記録するとき、その時点における実際のトレンドが心に焼きつく。インクで書かれたそれらの数字が私に語りかけてくる。赤インクか黒インクがひっきりなしに使われるとき、紛れもない強い相場展開が示されるのだ。

鉛筆ばかり使っているときは、その値動きは単なる自然な変動だと分かる（のちほど掲載する私が実際に付けた記録を再現したチャートの一、二、五、六列目が鉛筆書き）。

約三〇ドル以上の銘柄において、高値（安値）から六ポイント前後の下落（上昇）が起きれば、ナチュラルリアクション（ナチュラルラリー）が進行中であるとみなすことにした。この下落または上昇は、トレンドの転換点ではなく、単に市場が自然な変動をしていることを示すものだ。トレンドは、変動前と同じである。

ここで説明しておくが、私は一つの銘柄の値動きから同一業種におけるトレンドの明確な転換を判断することはない。どの業種においても二つの銘柄の値動きを組み合わせてトレンドが明確に変化したことを認識し、それに伴ってキープライスが確定する。これら二つの銘柄の価格と変動を組み合わせることによって、キープライスと呼ぶ価格に行き着くのである。

個々の銘柄に、時として上昇トレンド列、あるいは下降トレンド列に書き入れるのに十分な変動が存在しても、一銘柄だけに頼るとダマシの変動にとらわれる危険性がある。二銘柄の変動を組み合わせることで、合理的な確信が得られるのである。このように、トレンドの明確な転換は、キープライスの動きによる裏付けがなければならない。

このキープライス・メソッドについて説明しよう。

六ポイントの変動を厳格な基準とするが、後掲した私の場帳で、例えば時としてUSスチールが五ポイント八分の一の変動でも価格が書かれていることに目が行くだろう。それは、対応するベスレヘム・スチールの変動が例えば七ポイントであるからだ。二銘柄の価格変動を組み合わせることで、キープライスが成立する。キープライスは合計一二ポイント以上となり、基準を満たす価格差である。

記録すべき価格に達したとき、つまり二つの銘柄の変動の平均が六ポイント以上になったとき、私は続けて同じコラムに、その変動における高値（安値）を、上昇トレンド（下降トレンド）の列に前回書いた価格よりも高い（安い）価格であれば必ず記録する。これを逆方向の変動が始まるまで続けるのである。この反対方向への変動はもちろん、同様の六ポイント平均、つまりキープライスとなる一二ポイントに基づく。

私はこの記録ルールを順守している。例外は作らない。また、たとえ結果が必ずしも私の予想どおりにならなくとも、言い訳はしない。私が記録する株価は私が決めた価格ではない。記録すべき価格は、その日のトレードで付けた実際の株価によって決定されているのである。

これだけが正確なマーケット予測法であり、株価の記録はキープライスの決定から始めるべきだと言い切るのは、思い上がりであろう。そしてそれは、誤解を招きやすく不誠実でもあるだろう。

長年にわたって調査と観察を続けた結果、私は場帳を付けるための基本原理として使用できる可能性の高いポイントを見いだしたと感じている。私が言えるのはそれだけだ。この記録法に従えば、重要な価格変動の接近を判断するのに役立つ案内図を視覚化することができるかもしれない。

成功できるか否かは決断を下すタイミングで決まるという言葉もある。

当然ながらこの方式による成功も、行動する勇気と、場帳が行動を促したときの素早い実行にかかっている。迷っている余裕はない。それには鍛錬が必要だ。他人からの説明や理由や再確認が得られるのを待てば、時機を逸することになるのである。

例を挙げてみよう。
ヨーロッパでの宣戦布告を受けて全銘柄が急騰したのち、市場全体にナチュラルリアクションが発生した。その後、有力四業種すべての株価が回復し、鉄鋼株を除く全銘柄が新高値を更新した。私の手法に従って場帳を付けていれば、鉄鋼株の動きを注視していたはずだ。

実際、鉄鋼株が他業種に追随しない、十分に納得のいく理由が存在した。相応の理由があったのだ。しかし、そのときの私はその理由を知らなかったし、またその時点で根拠ある説明ができた者はいなかったはずだ。しかし株価を記録していれば鉄鋼株の動きによって、その上昇変動は終わったと気づいたであろう。

大衆が事実を知って鉄鋼株の値動きが説明づけられたのは、四カ月もあとの一九四〇年一月半ばであった。公表内容によれば、その間に英国政府はUSスチールを一〇万株以上売却し、カナダも二万株を売っていた。その発表がなされたとき、USスチールの株価は一九三九年九月に付けた高値よりも二六ポイント安く、ベスレヘム・スチールは二九ポイント安かったが、ほかの有力三業種の株価は、鉄鋼株が高値を付けた同じ時期に付けた高値から二・五～一二ポイント安にとどまっていた。

この一件からも、特定の株を売買すべき「正当な理由」を見いだそうとする愚かさが分かる。理由が分かるまで待っていたら、適切なタイミングに行動する機会を逃してしまうであろう。投資家や投機家が絶えず注目して従うべきことの唯一の理由は、マーケットそのものの動きにある。マーケットが正しく動かないとき、進むべき方向に進まないときは、いつでもそれが考えを即座に変える十分な理由となる。株価がある方向に動くには常に理由があることを肝に銘じよう。

そしてもう一つ覚えておくべきことがある。それは、変動の理由が明らかになるには時間がかかり、それから行動しても利益を上げることはほとんど不可能だということである。

繰り返すが、この方式は大きな変動の合間に現れる中程度の変動に関して、確信的なトレードができるためのポイントを示すためのものではない。その意図は、大きな変動をとらえ、重要な変動の始まりと終わりを明確にすることである。そして、それを目的としてこの方式を忠実に遂行しさえすれば、その並外れた価値に気づくだろう。

もう一点、強調しておきたいことがある。それは、この方式は約三〇ドル以上の値を付けている人気株への適用を前提にしていることだ。これと同じ基本原理はあらゆる株式銘柄の値動きの予測に有効であるが、低位株を対象とするときには一定の調整が必要である。複雑なことは何もない。興味のある人たちは、さまざまなポイントを素早く容易に理解するだろう。

次の第9章では、私の記録したデータを再現し、数字についての詳細な説明を行う。

第9章　ルール解説

Explanatory Rules

1. 上昇トレンド列には黒インクで株価を書く。
2. 下降トレンド列には赤インクで株価を書く。
3. ほかの四列には鉛筆で株価を書く。
4. ⓐナチュラルリアクション列に数字を書く最初の日、上昇トレンド列の最終株価の下に赤線を引く。これをするのは、上昇トレンド列の最終株価から約六ポイントの最初の下落が起きたときである。
ⓑナチュラルラリー、または上昇トレンド列に数字を書く最初の日、ナチュラルリアクション列の最終株価の下に赤線を引く。これをするのは、ナチュラルリアクション列の最終株価から約六ポイントの最初の上昇が起きたときである。

右に解説したのは注視すべき二つのピボットポイントであり、相場がこれら二つのどち

らかのポイント近辺に値を戻してくるときの値動きによって、明確なトレンドが本格的に再開するのか、あるいは変動が終わったのかについての考えを得ることができるだろう。

ⓒナチュラルラリー列に数字を書く最初の日、下降トレンド列の最終株価の下に黒線を引く。これをするのは、下降トレンド列の最終株価から約六ポイントの最初の上昇が起きたときである。

ⓓナチュラルリアクション、あるいは下降トレンド列に数字を書く最初の日、ナチュラルラリー列の最終株価の下に黒線を引く。これをするのは、ナチュラルラリー列の最終株価から約六ポイントの最初の下落が起きたときである。

5. ⓐナチュラルラリー列に書いていて、同じ列に書かれた（黒の下線付きの）最後の株価よりも三ポイント以上**高い**価格に達したら、その株価は上昇トレンド列に黒インクで記入する。

ⓑナチュラルリアクション列に書いていて、同じ列に書かれた（赤い下線付きの）最後の株価よりも三ポイント以上**安い**価格に達したら、その株価は下降トレンド列に赤インクで記入する。

6．ⓐ上昇トレンド列に株価を書き続けたあと、六ポイント程度の下落があれば、ナチュラルリアクション列に株価を書き始める。その後はナチュラルリアクション列に最後に書かれた株価よりも安ければ、毎日ナチュラルリアクション列に株価を書き続ける。

ⓑナチュラルラリー列に株価を書き続けたあと、六ポイント程度の下落があれば、ナチュラルリアクション列に株価を書き始める。その後はナチュラルリアクション列に最後に書かれた株価よりも安ければ、毎日ナチュラルリアクション列に株価を書き続ける。下降トレンド列に最後に書かれた株価よりも安い値を付けた場合、その価格を下降トレンド列に書く。

ⓒ下降トレンド列に株価を書き続けたあと、六ポイント程度の上昇があれば、ナチュラルラリー列に株価を書き始める。その後はナチュラルラリー列に最後に書かれた株価よりも高ければ、毎日ナチュラルラリー列に株価を書き続ける。

ⓓナチュラルリアクション列に株価を書き続けたあと、六ポイント程度の上昇があれば、ナチュラルラリー列に株価を書き始める。その後はナチュラルラリー列に最後に書かれた株価よりも高ければ、毎日ナチュラルラリー列に株価を書き続ける。上昇トレンド列に最後に書かれた株価よりも高い値を付けた場合、その価格を上昇トレンド列に書く。

ⓔナチュラルリアクション列に数字を書き始めてから、**下降トレンド列に最後に書かれた数字よりも安い**値を付けたら、その株価を下降トレンド列に赤インクで記入する。

ⓕナチュラルラリー列に数字を書き始めてから、**上昇トレンド列に最後に書かれた株**

価よりも高い値を付けたら、その株価を上昇トレンド列に黒インクで記入する。

ⓖナチュラルリアクション列に書いて、同列に最後に書かれた数字から約六ポイントの上昇があったとしても、その株価がナチュラルラリー列に最後に書かれた株価を上回らなかった場合、その株価は**セカンダリー**ラリー列に書き、株価がナチュラルラリー列に書かれた最後の数字を上回らないかぎりはセカンダリーラリー列に書き続ける。ナチュラルラリー列に書かれた最後の株価を超えたら、ナチュラルラリー列に再度株価を書き始める。

ⓗナチュラルラリー列に書いてきて、同列に最後に書かれた数字から約六ポイントの下落があったとしても、その株価が**ナチュラル**リアクション列に最後に書かれた株価を**下回らなかった**場合、その株価は**セカンダリー**リアクション列に書き、株価がナチュラルリアクション列に書かれた最後の数字を**下回らないかぎりは**セカンダリーリアクション列に書き続ける。ナチュラルリアクション列に書かれた最後の株価を下回ったら、ナチュラルリアクション列に再度株価を書き始める。

7. キープライスを書くときにも同じルールを適用する。個別銘柄のときとの違いは、六ポイントではなく一二ポイントを基準として使用するという点だけである。

8. ナチュラルラリー（あるいはナチュラルリアクション）列に価格を書き始めると同時に、下降トレンド（あるいは上昇トレンド）列に書かれた最後の株価がピボットポイントになる。上昇（または下落）が終わると、ナチュラルリアクション（ナチュラルラリー）列にまた書き始め、そのとき、ナチュラルラリー（ナチュラルリアクション）列に記入したうち最も高い（最も安い）価格がもう一つのピボットポイントになる。

二つのピボットポイントの成立後、次の重要な価格変動を正確に予測するためにこれらの記録が大きな価値を持つようになる。これらピボットポイントの下には赤インクか黒インクで二重線を引く。二重下線はピボットポイントをより目立たせるためであり、株価がピボットポイントに近づいた、あるいは達したときは必ず、非常に注意深く見守る必要がある。行動に移るべきかの判断は、それ以降の株価の動きによって決まる。

9. ⓐ下降トレンド列に最後に書かれた赤い数字に黒い二重下線が引かれているとき、そのポイントの近辺が「買い」である**可能性が高い**（10－f参照）。

ⓑナチュラルラリー列に、黒い二重下線が引かれた株価があるとき、そのピボットポイント付近に次の上昇で達したら、上昇トレンド列に書くほど相場が十分に力強いかどうかを見極めるときである。

ⓒ上昇トレンド列に書かれた最後の株価に赤い二重下線が引かれているとき、およびナチュラルリアクション列に記録された最後の株価に赤い二重下線が引かれているとき、逆のことが当てはまる。

10. ⓐこれらの手法は、最初のナチュラルラリー、あるいはナチュラルリアクションが起こったあと、株が動くべき方向に進んでいるかどうかについての明確な判断を可能にすることを目的としている。変動が、上向き下向きのどちらであれ、明白な形で再開するのであれば、個別銘柄においては三ポイント、キープライスにおいては六ポイント、前のピボットポイントを突き抜けるであろう。

ⓑそうはならず、下落して直近のピボットポイント（上昇トレンド列の赤い二重下線を引いた価格）よりも三ポイント以上**安い**場合、その株の上昇トレンドは終わった可能性が高い。

ⓒ下降トレンドに関して言えば、ナチュラルラリーが終わり、下降トレンドが明白に再開したとみなして株価を下降トレンド列に書き始めるには、黒い二重下線が引かれた直近のピボットポイントよりも三ポイント以上**安く**なければならない。

ⓓ株価がそうはならず、上昇して最後のピボットポイント（下降トレンド列の黒い二重下線を引いた価格）よりも三ポイント以上**高い**場合、その株の下降トレンドが終わった可能性が高い。

ⓔナチュラルラリー列に書いているとき、上昇トレンド列の赤い二重下線を引いた直

近のピボットポイントをわずかに下回る程度だった株価が、ピボットポイントから三ポイント以上下げることがあれば、それは危険シグナルであり、その株の上昇トレンドは終わった可能性が高い。

ⓕナチュラルリアクション列に書いているとき、下降トレンド列の黒い二重下線を引いた直近のピボットポイントをわずかに上回る程度だった株価が、ピボットポイントから三ポイント以上上げることがあれば、それは危険シグナルであり、その株の下降トレンドは終わった可能性が高い。

リバモア流〈マーケットの秘訣〉チャートと説明

Charts and Explanations for the Livermore Market Key

4月2日、ナチュラルラリー列に書き始める（ルール解説6－cを参照）。下降トレンド列の最後の株価に黒の下線を引く（ルール解説4－cを参照）。

4月28日、ナチュラルリアクション列に書き始める（ルール解説4－dを参照）。

CHART ONE

	セカンダリーラリー	ナチュラルラリー	上昇トレンド	下降トレンド	ナチュラルリアクション	セカンダリーリアクション	セカンダリーラリー	ナチュラルラリー	上昇トレンド	下降トレンド	ナチュラルリアクション	セカンダリーリアクション	セカンダリーラリー	ナチュラルラリー	上昇トレンド	下降トレンド	ナチュラルリアクション	セカンダリーリアクション
		65 3/4							57						122 1/4			
				48 1/2							43 1/4					91 3/4		
		62 1/8							45 7/8						128			
				48 1/4							50 1/8						98 3/8	
1938								56 7/8										
DATE	<	USスチール				>	<ベスレヘム・スチール>						<	キープライス				>
MARCH 23				47								50 1/4					97 1/4	
24																		
25				44 3/8						46 3/4						91 1/2		
SAT 26				44						46						90		
28				43 5/8												89 5/8		
29				39 5/8						43						82 5/8		
30				39						42 1/8						81 1/8		
31				38						40						78		
APR. 1																		
SAT 2		43 1/2						46 3/8						89 7/8				
4																		
5																		
6																		
7																		
8																		
SAT 9		46 1/2						49 3/4						96 1/4				
11																		
12																		
13		47 1/4												97				
14		47 1/2												97 1/4				
SAT 16		49						52						101				
18																		
19																		
20																		
21																		
22																		
SAT 23																		
25																		
26																		
27																		
28					43													
29					42 3/8						45						87 3/8	
SAT 30																		
MAY 2					41 1/2						44 1/4						85 3/4	
3																		
4																		

ピボットポイントの株価は常に一覧できるよう、前ページのデータを転記する。

5月5日から5月21日まで株価がまったく書かれていないのは、その間ナチュラルリアクション列に書かれた最後の株価を下回らなかったこと、基準を満たすだけの上昇も起きなかったことが理由である。

5月27日、ベスレヘム・スチールの株価を赤インクで記入したのは、下降トレンド列に書かれた最後の株価よりも安かったためである（ルール解説6－bを参照）。

6月2日、ベスレヘム・スチールは43ポイントで買いとなる（ルール解説10–c、10–dを参照）。同日、USスチールは42ドル4分の1で買いとなる（ルール解説10–fを参照）。

6月10日、ベスレヘム・スチールのセカンダリーラリー列に株価を書く（ルール解説6－gを参照）。

CHART TWO

	セカンダリーラリー	ナチュラルラリー	上昇トレンド	下降トレンド	ナチュラルリアクション	セカンダリーリアクション	セカンダリーラリー	ナチュラルラリー	上昇トレンド	下降トレンド	ナチュラルリアクション	セカンダリーリアクション	セカンダリーラリー	ナチュラルラリー	上昇トレンド	下降トレンド	ナチュラルリアクション	セカンダリーリアクション
				38						40						78		
		49						52						101				
1938					41½						44¼						85¾	
DATE	< USスチール >						<ベスレヘム・スチール>						< キープライス >					
MAY 5																		
6																		
SAT 7																		
9																		
10																		
11																		
12																		
13																		
SAT 14																		
16																		
17																		
18																		
19																		
20																		
SAT 21																		
23											44⅛						85⅝	
24											43½						85	
25					41⅜						42½						83⅞	
26					40⅛						40½						80⅝	
27					39⅞					39¾							79⅝	
SAT 28																		
31					39¼												79	
JUNE 1																		
2																		
3																		
SAT 4																		
6																		
7																		
8																		
9																		
10							46½											
SAT 11																		
13																		
14																		
15																		
16																		

6月20日、USスチールの株価を、セカンダリーラリー列に書く（ルール解説6－gを参照）。

6月24日、USスチールとベスレヘム・スチールの株価を、上昇トレンド列に黒インクで書く（ルール解説5－aを参照）。

7月11日、USスチールとベスレヘム・スチールの株価を、ナチュラルリアクション列に書く（ルール解説6－a、4－aを参照）。

7月19日、USスチールとベスレヘム・スチールの株価を、上昇トレンド列に黒インクで書く。同列の最後の価格を上回ったのがその理由（ルール解説4－bを参照）。

CHART THREE

	セカンダリーラリー	ナチュラルラリー	上昇トレンド	下降トレンド	ナチュラルリアクション	セカンダリーリアクション	セカンダリーラリー	ナチュラルラリー	上昇トレンド	下降トレンド	ナチュラルリアクション	セカンダリーリアクション	セカンダリーラリー	ナチュラルラリー	上昇トレンド	下降トレンド	ナチュラルリアクション	セカンダリーリアクション
				38						40						78		
		49						52						101				
					39 1/4					39 3/4							79	
1938							46 1/2											
DATE																		
JUNE	＜	USスチール				＞	＜ベスレヘム・スチール＞						＜	キープライス				＞
SAT.18																		
20	45 3/8						48 1/4						93 5/8					
21	46 1/2						49 7/8						96 3/8					
22	48 1/2						50 7/8						99 5/8					
23		51 1/4						53 1/4						104 1/2				
24			53 3/4						55 1/8						108 7/8			
SAT.25			54 7/8						58 1/8						113			
27																		
28																		
29			56 7/8						60 1/8						117			
30			58 3/8						61 5/8						120			
JULY 1			59												120 5/8			
SAT.2			60 7/8						62 1/2						123 5/8			
5																		
6																		
7			61 3/4												124 1/4			
8																		
SAT.9																		
11					55 5/8						56 3/8						112 3/8	
12					55 1/2												112 1/4	
13																		
14																		
15																		
SAT.16																		
18																		
19			62 3/8						63 1/8						125 1/2			
20																		
21																		
22																		
SAT.23																		
25			63 1/4												126 3/8			
26																		
27																		
28																		
29																		

8月12日、USスチールの株価を、セカンダリーリアクション列に書く。ナチュラルリアクション列に以前書いた最後の価格よりも安くなかったのがその理由。同日、ベスレヘム・スチールの株価は、ナチュラルリアクション列に書く。同列に以前記録した最後の価格よりも安かったのがその理由。

8月24日、USスチールとベスレヘム・スチールの株価を、ナチュラルラリー列に書く（ルール解説6－dを参照）。

8月29日、USスチールとベスレヘム・スチールの株価を、セカンダリーラリー列に書く（ルール解説6－hを参照）。

CHART FOUR

	セカンダリーラリー	ナチュラルラリー	上昇トレンド	下降トレンド	ナチュラルリアクション	セカンダリーリアクション	セカンダリーラリー	ナチュラルラリー	上昇トレンド	下降トレンド	ナチュラルリアクション	セカンダリーリアクション	セカンダリーラリー	ナチュラルラリー	上昇トレンド	下降トレンド	ナチュラルリアクション	セカンダリーリアクション
			61 3/4						62 1/2						124 1/4			
					55 1/2						56 3/4						112 1/4	
			63 1/4						63 1/8						126 3/8			
1938																		
DATE	< USスチール >						<ベスレヘム・スチール>						< キープライス >					
SAT. JULY 30																		
AUG. 1																		
2																		
3																		
4																		
5																		
SAT. 6																		
8																		
9																		
10																		
11																		
12						56 5/8					54 7/8						111 1/2	
SAT. 13						56 1/2					54 5/8						111 1/8	
15																		
16																		
17																		
18																		
19																		
SAT. 20																		
22																		
23																		
24		61 5/8						61 3/8						123				
25																		
26		61 7/8						61 1/2						123 3/8				
SAT. 27																		
29						56 1/8						55					—	
30																		
31																		
SEPT. 1																		
2																		
SAT. 3																		
6																		
7																		
8																		
9																		
SAT. 10																		

9月14日、USスチールの株価を、下降トレンド列に書く（ルール解説5－bを参照）。同日、ベスレヘム・スチールの株価をナチュラルリアクション列に書く。ナチュラルリアクション列に続けて書くことになったのは、その株価が直近の赤線を引いた価格を3ポイント以上、下回らなかったのがその理由。

9月20日、USスチールとベスレヘム・スチールの株価を、ナチュラルラリー列に書く（USスチールに関してはルール解説6－c、ベスレヘム・スチールに関しては6－dを参照）。

9月24日、USスチールの株価を、下降トレンド列に赤インクで書く。その株価は同列における新価格となる。

9月29日、USスチールとベスレヘム・スチールの株価を、セカンダリーラリー列に書く（ルール解説6－gを参照）。

10月5日、USスチールの株価を、上昇トレンド列に黒インクで書く（ルール解説5－aを参照）。

10月8日、ベスレヘム・スチールの株価を、上昇トレンド列に黒インクで書く（ルール解説6－fを参照）。

CHART FIVE

	セカンダリーラリー	ナチュラルラリー	上昇トレンド	下降トレンド	ナチュラルリアクション	セカンダリーリアクション	セカンダリーラリー	ナチュラルラリー	上昇トレンド	下降トレンド	ナチュラルリアクション	セカンダリーリアクション	セカンダリーラリー	ナチュラルラリー	上昇トレンド	下降トレンド	ナチュラルリアクション	セカンダリーリアクション
			63¼						63⅛						126⅝			
					55½						54⅜						111⅛	
								61½						123⅜				
		61⅞																
1938						56⅛						55						
DATE	<	USスチール				>	<ベスレヘム・スチール>						<	キープライス				>
SEPT.12																		
13					54¼						53⅝						107⅞	
14				52							52½					104½		
15																		
16																		
SAT.17																		
19																		
20		57⅝						58¼										
21		58												116¼				
22																		
23																		
SAT.24				51⅞							52					103⅞		
26				51⅛							51¼					102⅜		
27																		
28				50⅞							51					101⅞		
29	57⅛						57¾						114⅞					
30		59¼						59½						118¾				
SAT. OCT.1		60¼						60						120¼				
3		60⅜						60⅜						120¾				
4																		
5			62					62							124			
6			63					63							126			
7																		
SAT.8			64¼						64						128¼			
10																		
11																		
13			65⅜						65⅛						130½			
14																		
SAT.15																		
17																		
18																		
19																		
20																		
21																		
SAT.22			65⅞						67½						133⅜			
24			66												133½			

11月18日、USスチールとベスレヘム・スチールの株価を、ナチュラルリアクション列に書く（ルール解説6－aを参照）。

CHART SIX

	セカンダリーラリー	ナチュラルラリー	上昇トレンド	下降トレンド	ナチュラルリアクション	セカンダリーリアクション	セカンダリーラリー	ナチュラルラリー	上昇トレンド	下降トレンド	ナチュラルリアクション	セカンダリーリアクション	セカンダリーラリー	ナチュラルラリー	上昇トレンド	下降トレンド	ナチュラルリアクション	セカンダリーリアクション
1938			66						67½						133½			
DATE	< USスチール >						<ベスレヘム・スチール>						< キープライス >					
OCT.24			66⅛						67⅞						134			
26																		
27			66½						68⅞						135⅜			
28																		
SAT.29																		
31																		
NOV.1									69						135½			
2																		
3									69½						136			
4																		
SAT.5																		
7			66⅝						71⅞						138⅝			
9			69½						75⅜						144⅞			
10			70						75½						145½			
SAT.12			71¼						77⅝						148⅞			
14																		
15																		
16																		
17																		
18					65⅛						71⅞						137	
SAT.19																		
21																		
22																		
23																		
25																		
SAT.26					63¼						71½						134¾	
28					61						68¾						129¾	
29																		
30																		
DEC.1																		
2																		
SAT.3																		
5																		
6																		
7																		
8																		

12月14日、USスチールとベスレヘム・スチールの株価を、ナチュラルラリー列に書く（ルール解説6－dを参照）。

12月28日、ベスレヘム・スチールの株価を、上昇トレンド列に黒インクで書く。同列に以前記録された最後の株価よりも高いのがその理由。

1月4日、リバモア・メソッドによる新たなトレンドの開始が示される（ルール解説10－a、10－bを参照）。

1月12日、USスチールとベスレヘム・スチールの株価を、セカンダリーリアクション列に記録（ルール解説6－hを参照）。

CHART SEVEN

	セカンダリーラリー	ナチュラルラリー	上昇トレンド	下降トレンド	ナチュラルリアクション	セカンダリーリアクション	セカンダリーラリー	ナチュラルラリー	上昇トレンド	下降トレンド	ナチュラルリアクション	セカンダリーリアクション	セカンダリーラリー	ナチュラルラリー	上昇トレンド	下降トレンド	ナチュラルリアクション	セカンダリーリアクション
			71¼						77⅝						148⅞			
					61						68¾						129¾	
1938 DATE	<	USスチール				>	<ベスレヘム・スチール>						<	キープライス				>
DEC.9																		
SAT.10																		
12																		
13																		
14		66⅝						75¼						141⅞				
15		67⅛						76⅜						143½				
16																		
SAT.17																		
19																		
20																		
21																		
22																		
23																		
SAT.24																		
27																		
28		67¾							78					145¾				
29																		
30																		
SAT.31																		
1939 JAN.3																		
4		70							80						150			
5																		
6																		
SAT.7																		
9																		
10																		
11												73¾						
12						62⅝						71½						134⅛
13																		
SAT.14																		
16																		
17																		
18																		
19																		
20																		
SAT.21						62						69½						131½

1月23日、USスチールとベスレヘム・スチールの株価を、下降トレンド列に書く（ルール解説5－bを参照）。

1月31日、USスチールとベスレヘム・スチールの株価を、ナチュラルラリー列に書く（ルール解説6－c、4－cを参照）。

CHART EIGHT

	セカンダリーラリー	ナチュラルラリー	上昇トレンド	下降トレンド	ナチュラルリアクション	セカンダリーリアクション	セカンダリーラリー	ナチュラルラリー	上昇トレンド	下降トレンド	ナチュラルリアクション	セカンダリーリアクション	セカンダリーラリー	ナチュラルラリー	上昇トレンド	下降トレンド	ナチュラルリアクション	セカンダリーリアクション
			71 1/4						77 5/8						148 7/8			
					61						68 3/4						129 3/4	
		70							80						150			
1939						62						69 1/2						131 1/2
DATE	< USスチール >						<ベスレヘム・スチール>						< キープライス >					
JAN 23				57 7/8						63 3/4						121 5/8		
24				56 1/2						63 1/4						119 3/4		
25				55 5/8						63						118 5/8		
26				53 1/4						60 1/4						113 1/2		
27																		
SAT 28																		
30																		
31		59 1/2						68 1/2						128				
FEB 1																		
2		60												128 1/2				
3																		
SAT 4		60 5/8						69						129 5/8				
6								69 7/8						130 3/4				
7																		
8																		
9																		
10																		
SAT 11																		
14																		
15																		
16								70 3/4						131 5/8				
17		61 1/8						71 1/4						132 3/8				
SAT 18		61 1/4												132 1/2				
20																		
21																		
23																		
24		62 1/4						72 3/8						134 5/8				
SAT 25		63 3/4						74 3/4						138 1/2				
27																		
28		64 3/4						75						139 3/4				
MAR 1																		
2																		
3		64 7/8						75 1/4						140				
SAT 4								75 1/2						140 3/8				
6																		
7																		

3月16日、USスチールとベスレヘム・スチールの株価を、ナチュラルリアクション列に書く（ルール解説6－bを参照）。

3月30日、USスチールの株価を、下降トレンド列に書く。同列の最後の価格を下回ったのがその理由。

3月31日、ベスレヘム・スチールの株価を、下降トレンド列に書く。同列の最後の価格を下回ったのがその理由。

4月15日、USスチールとベスレヘム・スチールの株価を、ナチュラルラリー列に書く（ルール解説6－cを参照）。

CHART NINE

	セカンダリーラリー	ナチュラルラリー	上昇トレンド	下降トレンド	ナチュラルリアクション	セカンダリーリアクション	セカンダリーラリー	ナチュラルラリー	上昇トレンド	下降トレンド	ナチュラルリアクション	セカンダリーリアクション	セカンダリーラリー	ナチュラルラリー	上昇トレンド	下降トレンド	ナチュラルリアクション	セカンダリーリアクション
				53¼						60¼						113½		
1939		64⅞						75½						140⅜				
DATE	< USスチール >						<ベスレヘム・スチール>						< キープライス >					
MAR 8		65												140½				
9		65½						75⅞						141⅜				
10																		
SAT 11																		
13																		
14																		
15																		
16					59⅝						69¼						128⅞	
17					56¾						66¾						123½	
SAT 18					54¾						65						119¾	
20																		
21																		
22					53½						63⅝						117⅛	
23																		
24																		
SAT 25																		
27																		
28																		
29																		
30				52⅛							62						114⅛	
31				49⅞						58¾						108⅝		
APR. SAT 1																		
3																		
4				48¼						57⅝						105⅞		
5																		
6				47¼						55½						102¾		
SAT 8				44⅞						52½						97⅜		
10																		
11				44⅜						51⅝						96		
12																		
13																		
14																		
SAT 15		50						58½						108½				
17																		
18																		
19																		

5月17日、ＵＳスチールとベスレヘム・スチールの株価を、ナチュラルリアクション列に書く。翌5月18日、ＵＳスチールの株価を下降トレンド列に記録（ルール解説6－eを参照）。

5月25日、ＵＳスチールとベスレヘム・スチールの株価を、セカンダリーラリー列に書く（ルール解説6－gを参照）。

CHART TEN

	セカンダリーラリー	ナチュラルラリー	上昇トレンド	下降トレンド	ナチュラルリアクション	セカンダリーリアクション	セカンダリーラリー	ナチュラルラリー	上昇トレンド	下降トレンド	ナチュラルリアクション	セカンダリーリアクション	セカンダリーラリー	ナチュラルラリー	上昇トレンド	下降トレンド	ナチュラルリアクション	セカンダリーリアクション
				44 3/8						51 5/8						96		
1939		50						58 1/2						108 1/2				
DATE																		
APR 20	< USスチール >						<ベスレヘム・スチール>						< キープライス >					
21																		
SAT. 22																		
24																		
25																		
26																		
27																		
28																		
SAT. 29																		
MAY 1																		
2																		
3																		
4																		
5																		
SAT. 6																		
8																		
9																		
10																		
11																		
12																		
SAT. 13																		
15																		
16																		
17					44 5/8						52						96 5/8	
18				43 1/4												95 1/4		
19																94 7/8		
SAT. 20																		
22																		
23																		
24																		
25	48 3/4						57 3/4						106 1/2					
26	49						58						107					
SAT. 27	49 3/8							—					107 7/8					
29		50 1/4						59 3/8						109 5/8				
31		50 7/8						60						110 7/8				
JUNE 1																		

6月16日、ベスレヘム・スチールの株価を、ナチュラルリアクション列に書く（ルール解説6－bを参照）。

6月28日、USスチールの株価を、ナチュラルリアクション列に書く（ルール解説6－bを参照）。

6月29日、ベスレヘム・スチールの株価を、下降トレンド列に書く。同列の最後の株価を下回ったのがその理由。

7月13日、USスチールとベスレヘム・スチールの株価を、セカンダリーラリー列に書く（ルール解説6－gを参照）。

CHART ELEVEN

	セカンダリーラリー	ナチュラルラリー	上昇トレンド	下降トレンド	ナチュラルリアクション	セカンダリーリアクション	セカンダリーラリー	ナチュラルラリー	上昇トレンド	下降トレンド	ナチュラルリアクション	セカンダリーリアクション	セカンダリーラリー	ナチュラルラリー	上昇トレンド	下降トレンド	ナチュラルリアクション	セカンダリーリアクション
				44 5/8						51 5/8						96		
		50						58 1/2						108 1/2				
				43 3/4						—						94 7/8		
1939		50 7/8						60						110 7/8				
DATE																		
JUNE	＜ USスチール ＞						＜ベスレヘム・スチール＞						＜ キープライス ＞					
SAT 3																		
5																		
6																		
7																		
8																		
9																		
SAT 10																		
12																		
13																		
14																		
15																		
16											54							
SAT 17																		
19																		
20																		
21																		
22																		
23																		
SAT 24																		
26																		
27																		
28					45						52 1/2						97 1/2	
29					43 3/4					51						94 3/4		
30					43 5/8					50 1/4						93 7/8		
SAT MAY 1																		
3																		
5																		
6																		
7																		
SAT 8																		
10																		
11																		
12																		
13	48 1/4						57 1/4						105 1/2					
14																		

7月21日にベスレヘム・スチールの株価を、翌22日にUSスチールの株価を、それぞれ上昇トレンド列に書く（ルール解説5－aを参照）。

8月4日、USスチールとベスレヘム・スチールの株価を、ナチュラルリアクション列に書く（ルール解説4－aを参照）。

8月23日、USスチールの株価を下降トレンド列に書く。同列の最後の株価を下回ったのがその理由。

CHART TWELVE

	セカンダリーラリー	ナチュラルラリー	上昇トレンド	下降トレンド	ナチュラルリアクション	セカンダリーリアクション	セカンダリーラリー	ナチュラルラリー	上昇トレンド	下降トレンド	ナチュラルリアクション	セカンダリーリアクション	セカンダリーラリー	ナチュラルラリー	上昇トレンド	下降トレンド	ナチュラルリアクション	セカンダリーリアクション
				43 1/4						51 5/8						94 7/8		
		50 7/8						60						110 7/8				
					43 5/8					50 1/4						93 7/8		
1938	48 1/4						57 1/4						105 1/2					
DATE	<	USスチール				>	<	ベスレヘム・スチール				>	<	キープライス				>
SAT. JUNE																		
17	50 3/4							60 3/8						111 1/8				
18		51 7/8						62						113 7/8				
19																		
20																		
21		52 1/2							63					115 1/2				
SAT. 22			54 1/8						65						119 1/8			
24																		
25			55 1/8						65 3/4						120 7/8			
26																		
27																		
28																		
SAT. 29																		
31																		
AUG. 1																		
2																		
3																		
4					49 1/2						59 1/2						109	
SAT. 5																		
7					49 1/4												108 3/4	
8																		
9											59						108 1/4	
10					47 3/4						58						105 3/4	
11					47												105	
SAT. 12																		
14																		
15																		
16																		
17					46 1/2												104 1/2	
18					45						55 1/8						100 1/8	
SAT. 19																		
21					43 3/8						53 3/8						96 3/4	
22																		
23				42 5/8													96	
24				41 5/8							51 7/8					93 1/2		
25																		

8月29日、USスチールとベスレヘム・スチールの株価を、ナチュラルラリー列に書く（ルール解説6－a、6－c、6－dを参照）。

9月2日、USスチールとベスレヘム・スチールの株価を、上昇トレンド列に書く。同列の最後の株価を上回ったのがその理由。

9月14日、USスチールとベスレヘム・スチールの株価を、ナチュラルリアクション列に書く（ルール解説6－a、4－aを参照）。

9月19日、USスチールとベスレヘム・スチールの株価を、ナチュラルラリー列に書く（ルール解説6－d、4－bを参照）。

9月28日、USスチールとベスレヘム・スチールの株価を、セカンダリーリアクション列に書く（ルール解説6－hを参照）。

10月6日、USスチールとベスレヘム・スチールの株価を、セカンダリーラリー列に書く（ルール解説6－gを参照）。

CHART THIRTEEN

	セカンダリーラリー	ナチュラルラリー	上昇トレンド	下降トレンド	ナチュラルリアクション	セカンダリーリアクション	セカンダリーラリー	ナチュラルラリー	上昇トレンド	下降トレンド	ナチュラルリアクション	セカンダリーリアクション	セカンダリーラリー	ナチュラルラリー	上昇トレンド	下降トレンド	ナチュラルリアクション	セカンダリーリアクション
				43 1/4						50 1/4						93 7/8		
			55 1/2						65 3/4						120 7/8			
	< USスチール >						<ベスレヘム・スチール>						< キープライス >					
1939				41 5/8							51 7/8					93 1/2		
DATE																		
SAT. AUG.26																		
28																		
29		48						60 1/2						108 1/2				
30																		
31																		
SEPT.1		52						65 1/2						117 1/2				
SAT.2			55 1/4						70 3/8						125 5/8			
5			66 7/8						85 1/2						152 3/8			
6																		
7																		
8			69 3/4						87						156 3/4			
SAT.9			70						88 3/4						158 3/4			
11			78 5/8						100						178 5/8			
12			82 3/4												182 3/4			
13																		
14					76 3/8						91 3/4						168 1/2	
15																		
SAT.16					75 1/2						88 3/8						163 7/8	
18					70 1/2						83 3/4						154 1/4	
19		78						92 3/8						170 3/8				
20		80 5/8						95 5/8						176 1/4				
21																		
22																		
SAT.23																		
25																		
26																		
27																		
28						75 1/8						89						164 1/2
29						73 1/2						86 3/4						160 1/4
SAT.30																		
OCT.2																		
3																		
4						73						86 1/4						159 1/4
5																		
6	78 1/2						92 3/4						171 1/4					
SAT.7																		

11月3日、USスチールの株価を、セカンダリーリアクション列に書く。同列の最後の株価を下回ったのがその理由。

11月9日、USスチールの株価はナチュラルリアクション列の最後の株価と同価格となり、同列に横線を引く。同日、ベスレヘム・スチールの株価をナチュラルリアクション列に書く。同列の最後の株価を下回ったのがその理由。

CHART FOURTEEN

	セカンダリーラリー	ナチュラルラリー	上昇トレンド	下降トレンド	ナチュラルリアクション	セカンダリーリアクション	セカンダリーラリー	ナチュラルラリー	上昇トレンド	下降トレンド	ナチュラルリアクション	セカンダリーリアクション	セカンダリーラリー	ナチュラルラリー	上昇トレンド	下降トレンド	ナチュラルリアクション	セカンダリーリアクション
			82 3/4						100						182 5/8			
					70 1/2						83 3/4						154 1/4	
		80 5/8						95 5/8						176 1/4				
						73						86 1/4						159 1/4
1939	78 1/2						92 3/4						171 1/4					
DATE	< USスチール >						<ベスレヘム・スチール>						< キープライス >					
OCT. 9																		
10																		
11																		
13																		
SAT. 14																		
16																		
17	78 7/8						93 7/8						172 3/4					
18	79 1/4												173 1/2					
19																		
20																		
SAT. 21																		
23																		
24																		
25																		
26																		
27																		
SAT. 28																		
30																		
31																		
NOV. 1																		
2																		
3						72 1/2												
SAT. 4																		
6																		
8						72 1/8						86 1/8						158 1/4
9					—						83 1/4						153 3/4	
10					68 3/4						81 3/4						150 1/2	
13																		
14																		
15																		
16																		
17																		
SAT. 18																		
20																		
21																		
22																		

11月24日、USスチールの株価を、下降トレンド列に書く（ルール解説6－eを参照）。翌25日、ベスレヘム・スチールの株価を、下降トレンド列に書く（ルール解説6－eを参照）。

12月7日、USスチールとベスレヘム・スチールの株価を、ナチュラルラリー列に書く（ルール解説6－cを参照）。

CHART FIFTEEN

	セカンダリーラリー	ナチュラルラリー	上昇トレンド	下降トレンド	ナチュラルリアクション	セカンダリーリアクション	セカンダリーラリー	ナチュラルラリー	上昇トレンド	下降トレンド	ナチュラルリアクション	セカンダリーリアクション	セカンダリーラリー	ナチュラルラリー	上昇トレンド	下降トレンド	ナチュラルリアクション	セカンダリーリアクション
			82 3/4						100						182 3/4			
					70 1/2						83 3/4						154 1/4	
		80 5/8						95 5/8						176 1/4				
1939					68 3/4						81 3/4						150 1/2	
DATE	< USスチール >						<ベスレヘム・スチール>						< キープライス >					
NOV.24				66 7/8							81					147 7/8		
SAT.25										80 3/4						147 5/8		
27																		
28																		
29				65 7/8						78 1/8						144		
30				63 5/8						77						140 5/8		
DEC.1																		
SAT.2																		
4																		
5																		
6																		
7		69 3/4						84						153 3/4				
8																		
SAT.9																		
11																		
12																		
13																		
14								84 7/8						154 5/8				
15																		
SAT.16																		
18																		
19																		
20																		
21																		
22																		
SAT.23																		
26																		
27																		
28																		
29																		
SAT.30																		
1940 JAN.2																		
3																		
4																		
5																		
SAT.6																		

１月９日、ＵＳスチールとベスレヘム・スチールの株価を、ナチュラルリアクション列に書く（ルール解説６－ｂを参照）。

１月11日、ＵＳスチールとベスレヘム・スチールの株価を、下降トレンド列に書く。同列の最後の株価をともに下回ったのが理由。

２月７日、６ポイント上昇という基準を満たし、ベスレヘム・スチールの株価をナチュラルラリー列に書き始める。翌８日、ＵＳスチールの株価もナチュラルラリー列に書かれ、キープライスの上げ幅も基準を満たした。

CHART SIXTEEN

	セカンダリーラリー	ナチュラルラリー	上昇トレンド	下降トレンド	ナチュラルリアクション	セカンダリーリアクション	セカンダリーラリー	ナチュラルラリー	上昇トレンド	下降トレンド	ナチュラルリアクション	セカンダリーリアクション	セカンダリーラリー	ナチュラルラリー	上昇トレンド	下降トレンド	ナチュラルリアクション	セカンダリーリアクション
				63 5/8						77						140 5/8		
1940		69 3/4						84 7/8						154 5/8				
	< USスチール >						<ベスレヘム・スチール>						< キープライス >					
JAN. 8																		
9					64 1/4						78 1/2						142 3/4	
10					63 3/4												142 1/4	
11				62						76 1/2						138 1/2		
12				60 1/8						74 1/8						134 1/4		
SAT. 13				59 5/8						73 1/2						133 1/8		
15				57 1/2						72						129 1/2		
16																		
17																		
18				56 7/8						71 1/2						128 3/8		
19										71						127 7/8		
SAT. 20																		
22				55 7/8						70 1/8						126		
23																		
24																		
25																		
26																		
SAT. 27																		
29																		
30																		
31																		
FEB. 1																		
2																		
SAT. 3																		
5																		
6																		
7								76 3/8										
8		61						78						139				
9		61 3/4						79 1/2						141 1/4				
SAT. 10																		
13																		
14																		
15																		
16					56 1/8													
SAT. 17																		
19																		

■チャート記入例

黒ペンで記入　　赤ペンで記入

	セカンダリーラリー	ナチュラルラリー	上昇トレンド	下降トレンド	ナチュラルリアクション	セカンダリーリアクション
		65 3/4				
				48 1/2		
		62 1/8				
				48 1/4		
1938						
DATE	< USスチール >					
Mar.23				47		
24						
25				44 3/4		
Sat.26				44		
28				43 5/8		
29				39 5/8		
30				39		
31				38		
APR.1						
SAT.2		43 1/2				
4						
5						
6						
7						
8						
SAT.9		46 1/2				
11						
12						
13		47 1/4				
14		47 1/2				
SAT.16		49				
18						
19						
20						
21						
22						
SAT.23						
25						
26						
27						
28						
29						
SAT.30						

6項目に分ける

日付（日曜日は省く）

この枠は鉛筆で記入

■リバモア年表

1877年	アメリカ・マサチューセッツ州に生まれる
1891年	14歳。ボストンにてチョークボーイを始める
1892年	15歳。合百にて取り引きを始め、1000ドルを貯める トレードに専念するために仕事を辞める
1897年	ニューヨークに移り、ウォール街で取引開始 当初は成功するも６カ月後に破産
1900年	ネティ・ジョーダンと結婚
1901年	ノーザン・パシフィックの取引で５万ドルを手にするも、すぐに二度目の破産に至る
1906年	ユニオン・パシフィックの空売りで25万ドルを得たあと友人の助言により損失を被る。「自分の流儀のみに忠実に従う」という重要な教訓を得る
1907年	30歳。資産100万ドル保有 コールローンの行き詰まりにより、ＮＹ市場が金融崩壊の危機に陥る。その際、Ｊ・Ｐ・モルガンより市場救済の要請受ける
1908年	コットン相場の大暴落で再度破産
1910年	自己破産申請
1916年	300万ドルを手にする
1917年 冬	40歳。負債を完済 ネティと離婚 商品・株取引は好調だがコーヒー取引で大損
1918年	ドロシー・ウェントと結婚
1919年	長男ジェシー・ジュニア誕生
1923年	次男ポール誕生
1929年	大恐慌時に空売りで巨万の富を得るも、マスコミから大暴落の根源と非難される
1931年	離婚
1933年	ハリエットと結婚
1934年	４度目の破産
1940年	自殺

用語集

あ

薄商い
売買量が少なく、活気がない状態。

売られ過ぎ
売りが多く、価格が大きく下降し、上方への調整が今にも入りそうな状態。

売り抜け
買い玉に利が乗り、予想どおりの水準まで相場が上がったとき、相場が下落に転じる前にすべて手仕舞いをすること。

エントリー
「仕掛け」参照。

追証
「追加証拠金」参照。

大商い
売買が頻繁に行われ、活況な状態。

押し
上昇トレンドにある銘柄が、一時的に下げること。

押し目買い　押したところで買いを入れること。

オプション
約束の期日または期日までにあらかじめ

決められた数・価格で売買する権利。

終値

その日の取引や、ある一定期間の最後に付いた値段。

か

買い支え

売りが多く、相場が下がりそうなとき、買いを入れて相場の下落を食いとめること。

株式分割

発行済み株式を細分化して発行済株式数を増加させ、その増加分を株主の所有株式数に応じて配分する方法。

空売り

株券を持たず、あるいは持っていてもそれを使用せずに、ほかから借りて売ること。

買われ過ぎ

買いが多く、価格が大きく上昇し、下方への調整が今にも入りそうな状態。

逆行

トレンドに対する逆方向の値動き。

急騰

相場が短期間で急激な上昇をみせること。

玉
未決済になっている建玉のこと。ポジション。

（○月）限
最終決済を行わなければならない期限がある月。

気配
市場の板状況を表す。売りものよりも買いものが多いときを買い気配。その逆を売り気配という。

合百
相場の行方を予想し、取引所の場外で行う賭博のこと。

さ

先物取引
将来の一定条件で現物の受け渡しを約束する売買取引。または期日までに反対売買を行い、値動き分の差額（差金）だけ受け渡す取引。

指値注文
値段を指定して、売買注文を出すこと。

仕掛け
新たに売買の注文を出すこと。

資金管理
マネーマネジメント。トレードのリスクを制限するルール。その延長として定められた状況で、どの程度の株式や先物のポジションを保持するか決めること。

仕手（または仕手筋）
多量な建玉を保有したり、大きな売り買いを行ったりすることで、相場を操作しようとすること（またはその人々）。

仕手相場
仕手筋がかかわっている相場。仕手が手を引くと、たいてい相場は急落する。

順行
トレンドに沿った値動き。

証拠金
先物、信用取引を行ったもしくはオプションを売ったときに差し入れる担保金。

上場
企業の発行する株式が、証券取引所で売買することを承認されること。

商品市場
大豆やトウモロコシなどの農産物、金などの貴金属、原油などのエネルギーなどが上場している先物・先渡市場。

先導株
特定の業種・業態などで上げ相場をリードする銘柄。

損切り
含み損の出ているポジションを売却し、損失を確定すること。

た

大衆投機家
一般投機家。通常は確たる投機戦術・戦略を持たず、目先の流れにまどわされて結果的に見通しを誤ってしまう個人投資家たちを指していう。

高値
その日の取引や、任意の期間中で一番高くついた値段。

立会場
取引所で証券や先物の売買を行う場所。

建玉
未決済になっているポジション。

チャート
株価の推移をグラフ化したもの。

追加証拠金
相場の変動などにより含み損が発生し、証拠金がそれを差し引くと必要額よりも不足した場合、追加しなくてはならない担保金。

強気（ブル）
株価が上昇すると予想すること、または株価上昇を見越して買うこと。
強気相場　上げ相場のこと。

低位株
市場全体の水準の値段と比較して、株価が安い株式。

ティッカー
エジソンにより発明された、株価の変動をテープで打ち出す相場表示機。

出来高
ある期間内で売買された株数や枚数の合計。

手仕舞い
反対売買して取引を完了させること。

天井
ある期間内で、株価が一番高くなったポイント。

投機
短期的な利ザヤを期待して株式を売買すること。

投資
配当や長期的な値上がりを期待して売買すること。

特別配当
ある決算期に利益が増加したものの今後については不透明な場合に、通常配当のほかに、とりあえず「特別」という名目で増配されるもの。

取引高
取引の出来高（株数・枚数）あるいは売買代金。

トレンド
相場の方向。

な

ナチュラルラリー
一時的な反発。

ナチュラルリアクション
一時的な反落。

成り行き注文
価格を指定しないで行う注文方法。

ナンピン
分割売買をすることで、売値・買値を平均して有利な価格にする売買方法。

値嵩株
株価の高い銘柄。

値崩れ
損が出た買い玉の手仕舞いが続き、値が崩れていくこと。

は

配当
企業が利益の一部を株主に分配すること。

売買高
株や債券などの取引された量のこと。

始値
その日や、ある期間の最初に付いた値段。

場帳
相場の値段を記録しておくための帳面。

反騰
暴落のあとに急転して値上がりすること。反発。

反発
「反騰」参照。

反落
暴騰のあとに急転をして値が下がること。

引け
一日の取引のなかで、最後に成立した取引。

ピット
取引所の立会場。

ピボットポイント
値動きの軸を求め、そこからの振幅から目先の支持・抵抗を求める、テクニカル手法。

含み益
株式などを取得した価格（簿価）と、時価と比較したとき、取得した価格が時価よりも安い場合の差額。

ブローカー
株や先物の注文を市場に通す仲介人。

ポイント
価格の刻みのこと。

暴落
相場が大きく値下がること。

ポジション
「建玉」参照。

ま

マージンコール
「追加証拠金」参照。

増し玉
買い増しまたは売り増しをして、既存のポジションを増やしていくこと。

メソッド
方法、手法。

戻り
下落相場にあった銘柄が一時的に反発して、値上がりすること。

揉み合い
株価が一定のレンジ内で推移し、相場の方向性が定まらない状態。

モメンタム
勢い・方向性。

や

約定
注文が執行され売買が成立すること。

安値
その日の取引や、任意の期間中で一番安く付いた値段。

寄り付き
市場において、一日の取引や午後の取引の最初の売買。

弱気（ベア）
株価が下落すると予想すること、または株価下落を見越して売ること。

弱気相場　下げ相場のこと。

ら

利が乗る
相場の変動によって、利益勘定になること。

流動性
出来高があり、売買の成立のしやすさをいう。「流動性の高い株」は売買が活発に行われるので、買いと売りの気配値の差が小さくなる。

ロット
先物の売買単位である「枚」の別名。

Jesse Livermore

Contents

第1章

突貫小僧誕生

ドウ
ドウ
着いたぞ小僧
ボストンだ
ありがとう
ジェシー
リバモア
1877年
7月26日
マサチューセッツ
シュルーズベリー
生まれ
親は貧しい移民のため中学を卒業すると職を求めて家出同然にボストンに飛び出してきたのだ
このとき14歳——

！
ブワッ
A銘柄200株買い！
はい！A銘柄200株買いですね
B銘柄300株買いだ
C銘柄売りだ！

お買い得は この銘柄よ
よし 2ポイント 上昇だ！
なんて 熱気だ
？
カチャ
カチャ
PAN
ND 152
カチャ
これが 運命を予言する 水晶玉であれば 後に大富豪、 世紀の相場師と 呼ばれることを 告げていたはずで ある
カチャ
カチャ

小僧…
こんなところに何か用かい
株や相場を張る客でもなさそうだが
あの…
仕事があればと…
仕事か…丁度いいチョークボーイが足りないんだ
数学は得意か…？
はい！
よし、まずはあそこでやってみろ
A株98ドル
カリ
カリ
A株98ドルと…
おいおまえこの仕事は初めてじゃないだろ？

いや、今日が初めてさ
だって数字を覚えるのは経験者でもなけりゃ
ボクの取り柄は数字に強いこと
学校では3年かかる算数を1年で覚えたし
暗算は得意中の得意だよ
ゲッ
うん…あの小僧使えるな
ボストンに着いて1時間後ペイン・ウェバーの店で職を得たリバモアは相場の世界への第一歩をスタートした
キュッ
キュッ
カチャ
カチャ
カチャ

※エジソンが発明した株の価格をテープで打ち出す通信機械

この銘柄は昨日が2ポイント上昇
その前の日は、確か…
株価の上昇下落局面でその動きが過去になかったか…
変動パターンに類似例はないかを調べた
このときすでに値動きの読みを実地で学んでいたのだ
そんなある日
ジェシー金持ってるか？
あるけど…？
バーリントンの㊙情報が入ったんだ
ひと儲けのチャンスだぜ
バーリントンでひと儲けって…
ちょっと待ってよ

※相場の行方を予想し、取引所の場外で行う賭博のこと

この最初の取引以来リバモアは合百《ごうひゃく》に手を出すようになり
会社の給料以上を相場で稼ぐようになった
15歳のとき1千ドルを貯め
カチャ
カチャ
リバモアは会社を辞め相場師として独立した
A銘柄200株売り!
B銘柄1千株買い!
は…はい
……

あの小僧か
あちこっちで稼ぎまくっているというのは…
ガキのくせに賭け方が無鉄砲で
昨日もうちは200ドルの損を…
この頃リバモアは「突貫小僧」「天才少年相場師」と異名をとっていた
ヒエエ～ッ今日は300ドルの損失だ
A株買い戻し
B株は売りだ
そのうち出入りしていた店はリバモアを敬遠するようになった
担保金だ
幾度となく手痛い損失を被ったからだ

突貫小僧
リバモアか……
おまえと売り買いするつもりはない…お断りだ！
……
出て行け！
リバモアとは取引するなと上からの命令だ
二度と来るな！
どこも取引してくれない
残るは……
最大手の合百《ごうひゃく》コスモポリタン証券！

お宅で
取引を
したいん
だが
はい
どうぞ
よし
俺の正体は
バレては
いない…
これで
また取引が
できる…
そして
数カ月後
突貫小僧
ジェシー・
リバモアか
やっかいな奴を
しょい込んだ
ものだ
申し訳
ありません
奴と知って
いれば
取引など
…
で…
小僧の
収支は？
始めは
トントン
でしたが
今では
奴の勝ち
越しで…
いまさら
拒絶しても
店の評判に
かかわる
小僧を
私の部屋に
…

なんだって!
俺が取引するときは3ポイントの担保金?
それに現在の手数料0・5ポイントを1・5ポイントにアップさせていただこう
そんな!理不尽な!?
突貫小僧と噂に高いジェシー・リバモア君
これをのんでもらわないとうちでの取引はお断りだ
彼らの条件をのむしかなかった
ほかに取引できる店はなくのまなければ相場に参加できないのだ

－合百《ごうひゃく》では次のように取引される－

①客は店員に取引したい銘柄を告げて担保金を渡す

②店員はその銘柄の最新の価格と取引時間をチケットに記入する

③手仕舞いたい時は店員に手仕舞いを告げる

④店員は現時点での価格と時刻をチケットに記入

⑤出納窓口にてチケットから算出される金額を受け取る

この日リバモアは担保金1万ドルを入れていた
シュガー103の安値だが…
俺の予想だともっと下がっていなければいけないはず
いまいましいリバモアにはやられっ放しだ
リバモアは今日も担保金を1万ドル入れましたよ
他の客の担保金を含め店の金は2万ドル近くになります
2万ドルか…
それでシュガーを買えば4・5ポイントは上昇するな
買い戻しに間に合わずリバモアも真っ青!
リバモアの息の根を止めてやる
買いだ!
ゾクッ

動きがおかしい
何か変だ…
手仕舞うべきか
次が…シュガー株
!
シュガー――
シュガー――買い戻し!

※ポジション反対売買して仕切ること

第２章

ウォール街へ そして破産

1897年
2500ドルの
資金を手に
リバモアは
相場の中心地
ニューヨークの
ウォール街を
目指した
このとき
20歳の若者に
成長していた
E・F・
ハットンの店
ここで
取引させて
ほしいんだが

口座を開きたいと…
で…お名前は
ジェシー・リバモア
もしや！ボストンで突貫小僧と異名をとった
ジェシー・リバモアか
最初リバモアの取引はうまくいった
しかし6カ月もしないうちに破産した
A株売り！
2千株だ！
ボストンの活躍ぶりはこちらにも伝わっている
ようこそウォール街へ
よろしく

この半年頭を絞った結果がこれです
悲観することはない
君なら必ず立ち直れる
今の私ではウォール街で勝つことはできません
ボストンに戻りイチからやり直すつもりです
そこで元手として1千ドルほど都合を…
解せん話だな
ボストンの合百《ごうひゃく》ではやれるがウォール街ではやれんと…？
取引方法が問題だったんです
私は時間を考慮していなかった

まず第一に合百で相場を張る場合売り買いは瞬時にできますが
ここでは実際の取引が成立するときにはすでに値が動いています
105で買ったつもりが108と値上がり
105で売ったつもりが102と下がってしまう
売り買いの両方から食われるというわけか
そして第二に私の売りが大きい場合
いっそう相場を下げることになる
自分で自分の首を締めているということか
自分の取引が相場に影響を与えるなど考えもしなかった…
取引システムを把握せずに参加した結果がこれです…

ジェシー
ここに来たときの
所持金は…
2500ドル
でした
プラス
1千ドルの
借りという
ことだな
3500ドルも
あれば
大学で学ぶことも
できるだろうに…
大学より
現場での
勉強のほうが
役に立ちます
明日の
稼ぎに結びつき
ますからね
なるほど
現実的な
考えだ
これは
そのうち
お返し
します

あの若者
必ずここに
舞い戻って
来る…
ボストンで
再出発という
リバモアの計画は
実らなかった
リバモアを知る
各店が取引を
拒んだからだ
その日 中部の
セントルイスを
目指した
大規模な
合百《ごうひゃく》が2店
あると聞いた
からだ
正体が
バレないよう
まずは
慎重に
無理せず
取引する
ことだ…

キュッ
キュッ
買いは
オマハ…
ここで綿花や小麦の取引は…？
ああ
できるよ

株も買えますよね
現金だったらな
お金は持ってます
200ドルでどれだけ買えるかな
え～と200ドルだと…
よし200株欲しい！
ピヤッ
オマハを200株！
その日リバモアは現場の動きに迅速に反応し数回の取引をした
その次の日も…
この2日間で2800ドルの儲けだがこの調子だと週末には追い出しをくらうかもな

3日目
今日の買いは
BRT株か
BRT
500株
買い…
スッ
お客さま
店長が
お話を
したいと
申しており
ます
掛けたまえ
リバモア君
用件は
何でしょう

いいか
若造
俺の話を
よく聞いて
くれよ
タン
あの
200人いる
客たちは
みんな
俺のカモだ
一家を
養うための
金を毎日
運んできて
くれる
いいカモ
なんだよ
タムッ
だが
おまえは
…

たったの2日で俺のあがりを全部持っていきやがった!!
俺の2週間以上の稼ぎをだ！
おまえは俺の客じゃないんだよ
失せろ…！
ここでの取引はオシマイか…
正体がバレたからには
2軒目も要注意だな
しかし買い損なったBRT株は4・5ポイントの利益は見込める
次の店はバレる前に
素早く大口で勝負だ
ダッ

H・S・テーラーの店
BRTを買いたいんだが
上限はいくらだ
現金なら上限はなし
よし！1500株頼む!!
ババン
BRTを1500株ですね
おっと待った！
ガシッ
うちはお断りだぜ
リバモアさんよォ…

BRTを
少々買った
んでね
チケットを
受けとるまで
待たせて
もらおうか
てめえに
渡す
チケットは
ないんだよ
ビリ
ビリ
BRT
1500株
買いだ！
クックック
さすがは
突貫小僧
いい度胸だぜ
しかし
強気に出ても
裏目が出ることを
教えてあげよう
ドォオ
オン
!?

翌日
ウォール街
ハットンの店
で…
首尾のほうはと
聞きたいところ
だが
その
様子だと…
ひどい目に
あいましたよ
でも
2日間で
2800ドルを
稼ぎました
利息を
つけましょうか
いや
利息なら
手数料で
払ってもらうさ
すぐに
君の口座を
再開しよう
しかし
そんな目に
あっても
ウォール街か
…？

はい！
ウォール街か
ゼロか！
です
それから
数カ月
リバモアは
株式市場を
相手に奮闘
した…
そいつは
セントルイスの
カジノの
オーナーでな
確かH・S・
テーラーだ
こいつが
先日
八百長競馬を
企て
大儲けを
したって話だ
ほう…
H・S・
テーラー!?

あんたとわしとで共有して持っていた馬なら
八百長なしでも勝てたのにな
H・S・テーラー
その男セントルイスで合百《ごうひゃく》を経営していませんか！
うん…店を持っているぞ
どうしたんだジェシー
私を青タンにしたのがそいつH・S・テーラーだ！
青タンとは…？
ワケありのようだな
テーラーとのいきさつを話したリバモアに老人はある情報をくれた

※大きい株数あるいは大きな売買注文のこと

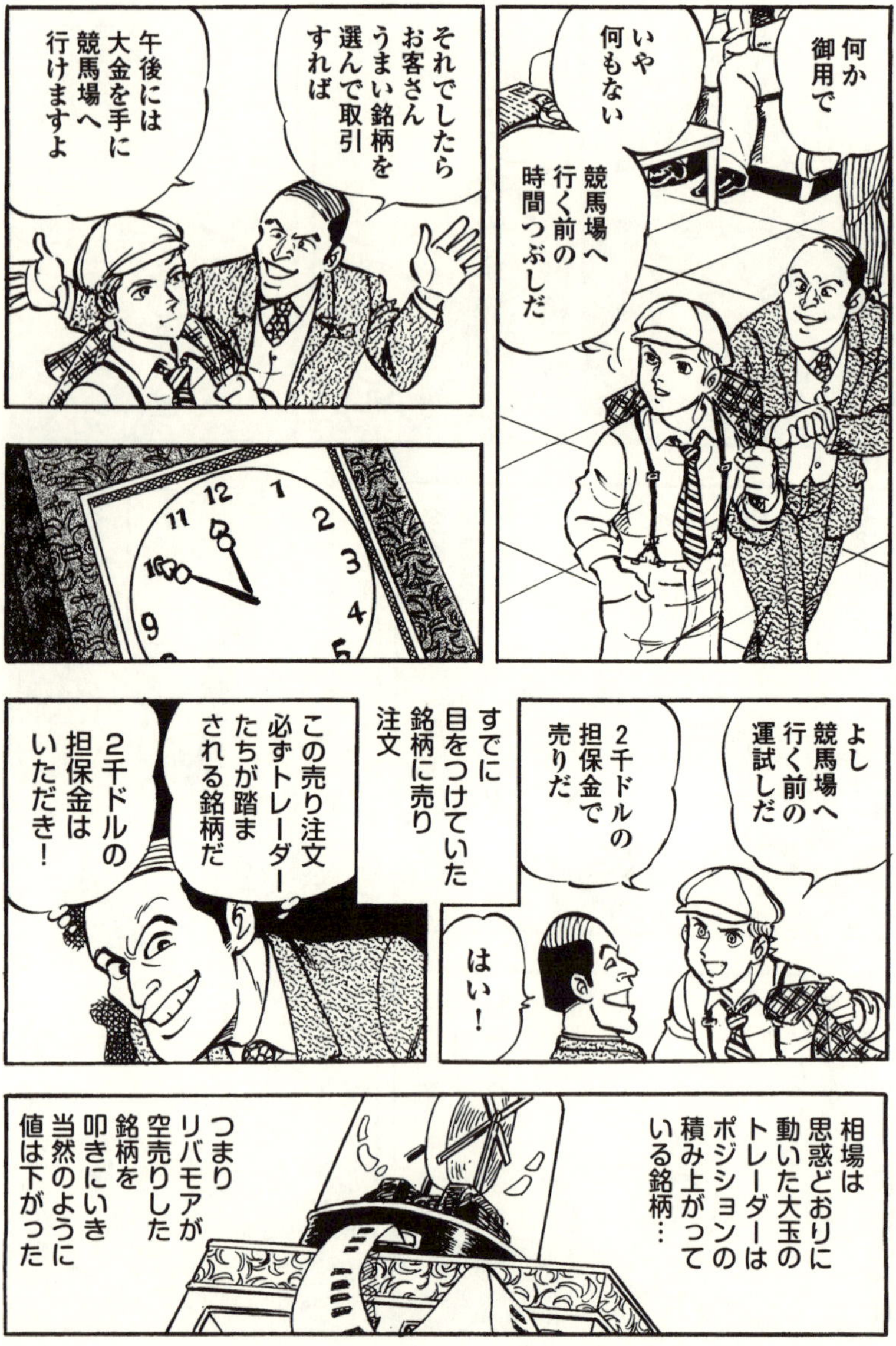
何か御用で
いや何もない
競馬場へ行く前の時間つぶしだ
それでしたらお客さんうまい銘柄を選んで取引すれば
午後には大金を手に競馬場へ行けますよ
よし競馬場へ行く前の運試しだ
2千ドルの担保金で売りだ
はい！
すでに目をつけていた銘柄に売り注文
この売り注文必ずトレーダーたちが踏まされる銘柄だ
2千ドルの担保金はいただき！
相場は思惑どおりに動いた大玉のトレーダーはポジションの積み上がっている銘柄…
つまりリバモアが空売りした銘柄を叩きにいき当然のように値は下がった

あとはトレーダーが買い戻しを始める
引け間際の反騰直前が勝負だ！
チッ
12
1
11
手仕舞い！
ゲーッ!!
5100ドル大穴的中だな
あんたが勧めてくれたおかげだよ
他のお客さまにも支払いがありますので全額はちょっと…
いいだろう支払った残りはすべていただく
残りは月曜日だ

翌週
月曜日
やはり
おまえか⁉
残金を
受け取りに
きた
おまえに
渡す金など
ない
さっさと
帰れ！
渡せ
わたしが
稼いだ金だ
もう
俺の店には
来るな
ここでの
出入りも
禁止だ
わたしは
ここで正当な
ルールに従い
金を
増やしたんだ
だれかの
競馬のように
イカサマを
やったわけじゃ
ない！
この店では
客の金を
ネコババする
のか‼

なんだなんだ…？
イカサマがどうしたって…？
ネコババだって…？
わ…わかったよ リバモア 金は払う
しかしな リバモア わしの上にはもっと恐いボスがいる
調子に乗りすぎると
命がいくつあっても足らんぞ
チッ 青タンの次は暗黒街の顔役か…
胸クソ悪いッ

ご老人 ホーボケンで ひと芝居演じて くれないか
テーラーの 店でか
面白そう じゃな
資金は 1千ドル
報酬は 水揚げの 20パーセント プラス経費
よし 乗った
リバモアの 指示により 老役者は 芝居を演じた
その結果 興業収入は 4100ドル
A株を 売りじゃ
B株は 買いじゃよ
C株を 手仕舞い！
ウッヒョッヒョ スリル満点の 舞台じゃった
で… 次の芝居の 公演は
いや これで 終わりだ

いつまでも合百《ごうひゃく》を相手にしていたら
いずれ暗黒街のボスと対決だ…
命がいくつあっても足りないだろう
合百《ごうひゃく》は卒業だ
シャッ
目の前にはもっと大きな舞台がある
ウォール街
この巨大市場が相手だ!
1万ドルの資金を作ったリバモアは
今後は株式市場一本でいこうと決心した

1899年
22歳になった
リバモアは
ウォール街で
慎重に売買を
進めていった
そして
1901年
株式市場に
前代未聞の
ブームが
訪れた
アメリカ中が
活況に沸き
株価が沸騰
し始めた
今までにない
大型の上げ相場
だ…
ここは
強気だ
ノーザン
パシフィック
1千株
買い！

5万ドルの利益を得たが
必ず相場は崩れる
それも1日程度で反転し
再度上昇の波に乗るはずだ
値崩れした時が買いのチャンス
この5万ドルはそのときの資金だ…
相場はリバモアの予測通りに動いた
極めて正しい道を選んで利益を得られる
はずだった
しかしこの日一文無しになった

スチールを
1千株
100ドルで
売り
サンタフェ
1千株を
80ドルで
売り！
承知しま
した！
D株
売りだ
どいて
くれ！
俺は
A株を
売りだ
早くして
くれよ！
順番を
お待ちを！
寄り付きで
下落傾向
予想どおり
の展開だ
早くしろ！
これじゃ
事務処理が
間に合わん
C株を
売りだ
遅い
売り注文から
30分…
遅すぎる

もしや ファスト マーケット！
ファストマーケットとは取引開始時に巨大な売買注文の殺到により
証券取引所の事務処理能力が追いつかない現象をいう
A株売り！
こっちはB株を売りだ！
遅くなり申し訳ありません
そんなバカな！
スチール1千株を100ドルで売りが85ドルの売りに…
サンタフェ80ドルの売りが65ドル！
この売値は…
わたしが買い戻しを予定していた株価だ
スチール1千株！サンタフェ1千株！
買いだすぐに!!

テープの数字はすでに反転上昇を告げている
カチャ
カチャ
カチャ
売り建てた銘柄が急激に上昇すれば買い戻しても大きな損失になる
85ドルで売ったスチール株は110ドルで買い戻されていた…
サンタフェも――
ティッカーがリアルタイムの値動きを打ちだすには取引量があまりにも多すぎた
ファストマーケットになるとティッカーの記録が2時間遅れることも珍しくはない
わたしの行動は正しかった
相場は予想どおりの展開を見せた
しかし…すべてを失った…

第3章
サンフランシスコ大地震

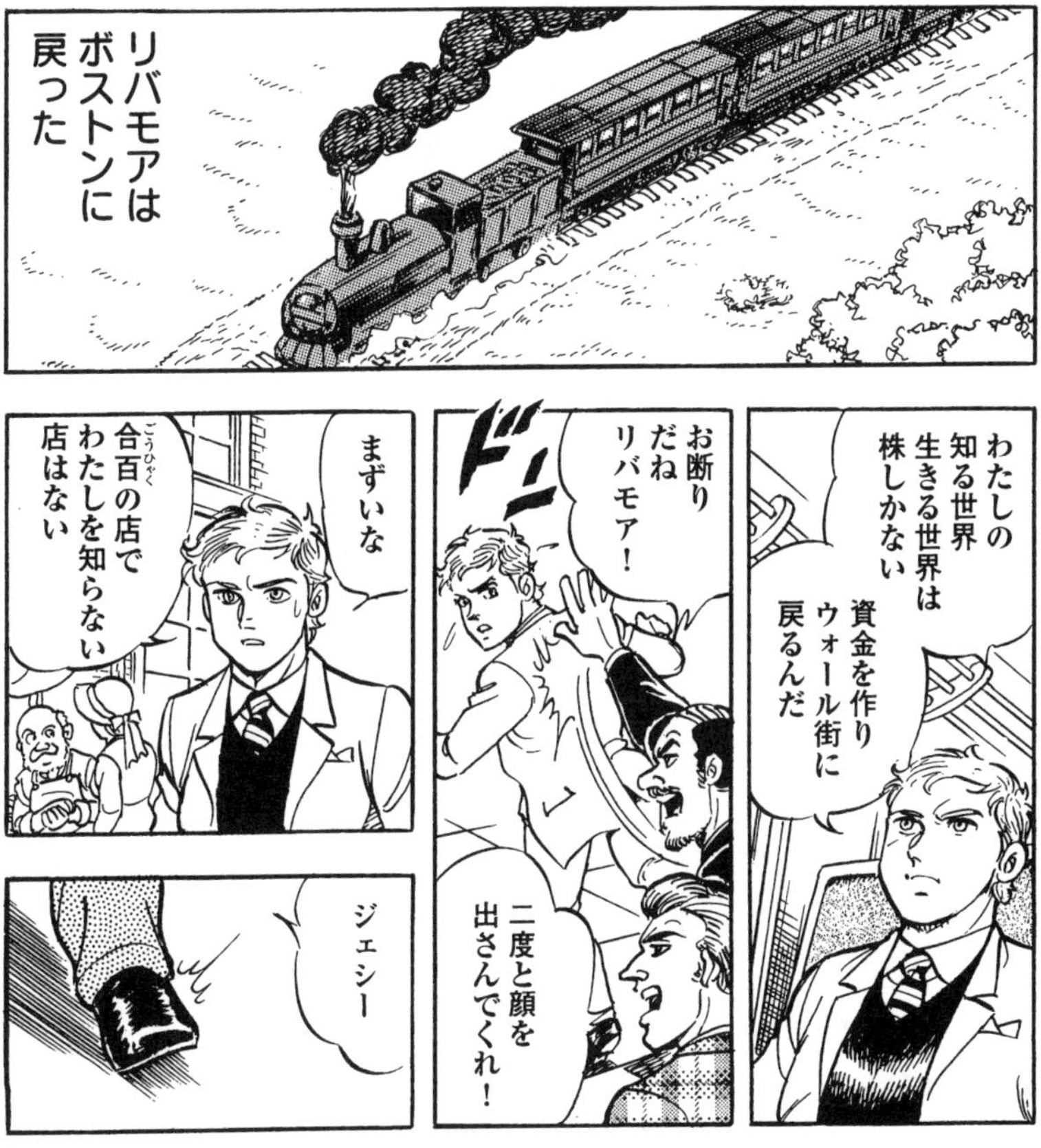

リバモアはボストンに戻った
わたしの知る世界生きる世界は株しかない
資金を作りウォール街に戻るんだ
ドン
お断りだねリバモア！
二度と顔を出さんでくれ！
まずいな
合百《ごうひゃく》の店でわたしを知らない店はない
ジェシー

俺だよ
ペインの店で一緒だった
あ…
ジムか…
どこも相手にしてくれないらしいな
そこで情報がある新しいタイプの合百《ごうひゃく》があるんだ
リバモアはジムに教えられた合百《ごうひゃく》に足を運んだ
運よくこれらの店にリバモアを知る者はいなかった
リバモアは5つの店と取引を開始した
リバモアの取引は小さいながらも稼ぎを積み上げていた

リバモアが取引量を増やし儲けを増やすとともに
店側が注文の受け入れを渋るようになった
金の流れが店からヤツの金庫へ一方的に流れていっちまう
対抗処置を取らなければ
担保金500ドルで
A株を買い…
来たぞ奴からの買い注文だ！
ガシャ
5分後にA株を空売りしろ！
はい！
この売り圧力がツボにはまれば担保金は没収されることになる
やられた…
店側のペテンにひっかかったか
目には目を…
ペテンにはペテンで逆襲だ

E株…
少し前まで
盛んに売買
されていたが
今は
見捨てられた
休眠銘柄だ
E株を
100株
78ドルで
買いだ
78ドルだな
了解
エド
82ドルの
指し値で
E株を売って
くれ
取引の5店に
100株ずつ…
計500株
82ドルを
つけたら
売りだ
カチャ
カチャ
82ドル
…！
E株
売りだ！
500株を売り
4ドルの上昇で
2千ドルが
手に入った

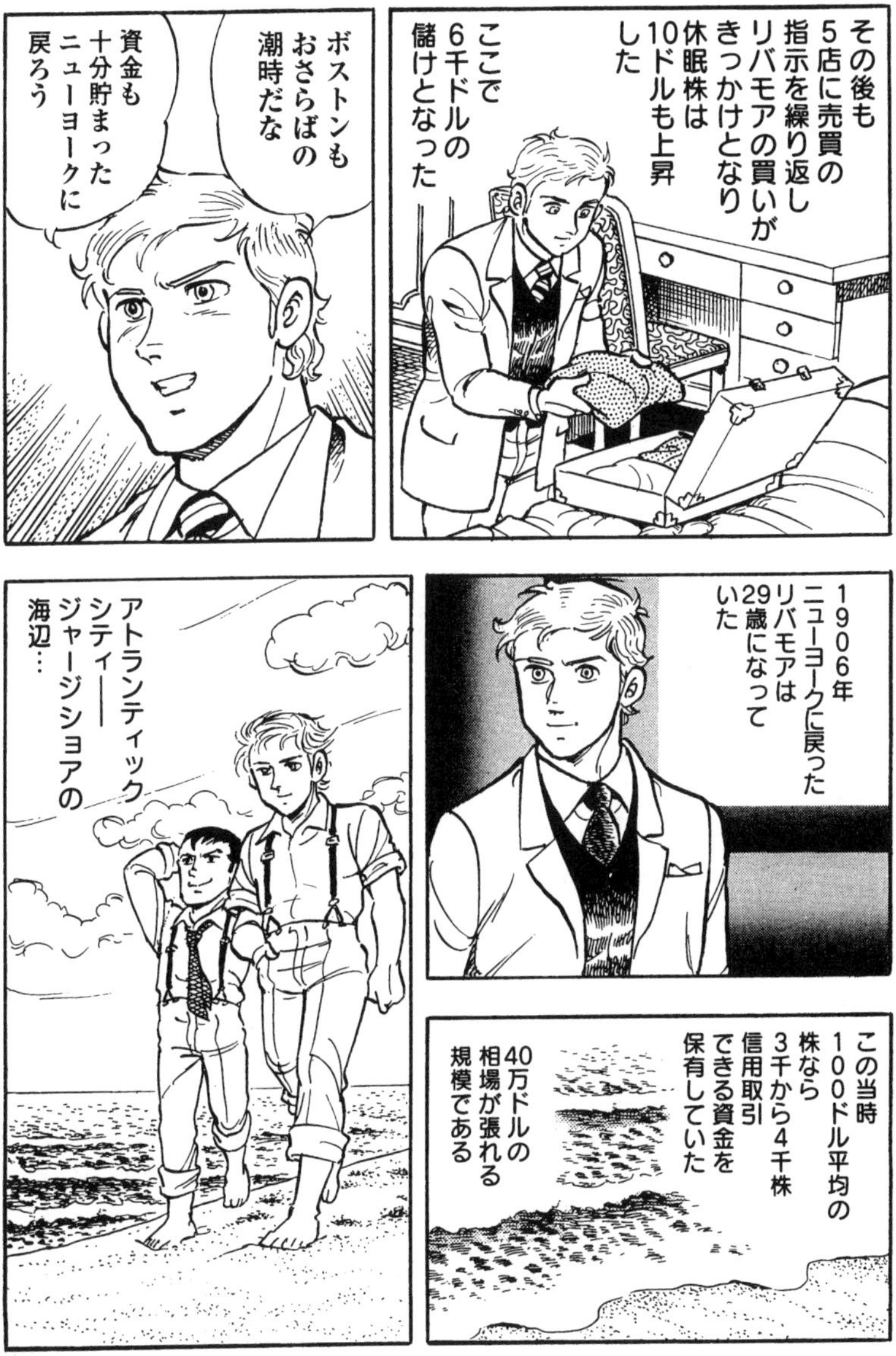
その後も
5店に売買の
指示を繰り返し
リバモアの買いが
きっかけとなり
休眠株は
10ドルも上昇
した
ここで
6千ドルの
儲けとなった
ボストンも
おさらばの
潮時だな
資金も
十分貯まった
ニューヨークに
戻ろう
1906年
ニューヨークに戻った
リバモアは
29歳になって
いた
この当時
100ドル平均の
株なら
3千から4千株
信用取引
できる資金を
保有していた
40万ドルの
相場が張れる
規模である
アトランティック
シティ――
ジャージショアの
海辺…

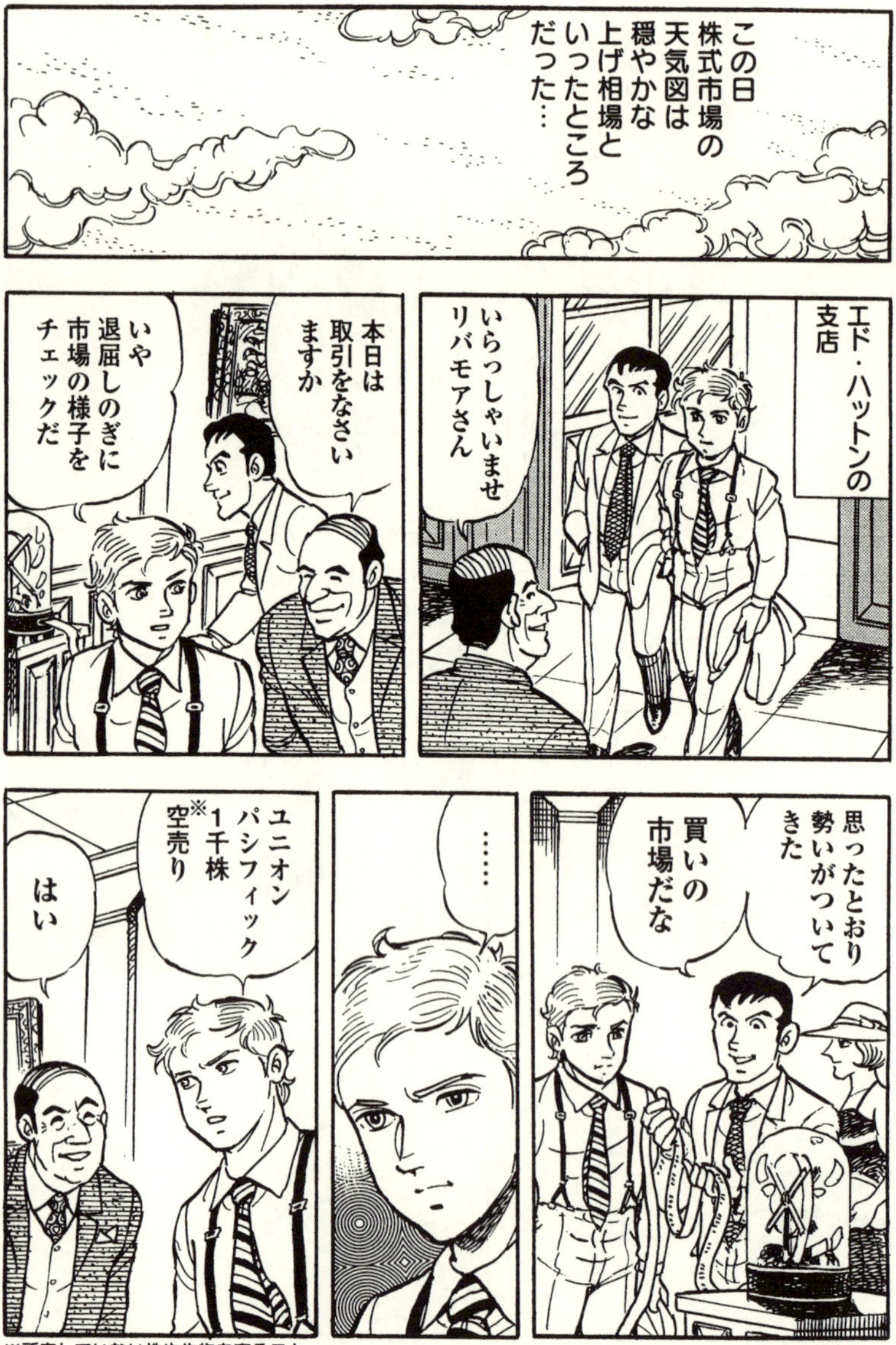

※所有していない株や先物を売ること

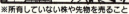

上げ相場のこんなときに
空売りはないだろ
よく分からないが
こうするのが間違いないやり方だと思うからだ
特にこれといった理由はない
理由はないって?
あんた言ったろう
計画も戦略もなしに相場を張る奴はアホだって!
ユニオンパシフィックをもう1千株
売りで…
また売りって…頭の回転が切れちまったのか
翌日
ユニオンパシフィック
昨日より2ポイントの上昇…

お前も
もう終わり
だな
ラッ
ユニオン
パシフィック
2千株の
売りだ
おまえ
本当にどうか
してるぜ!
ニューヨークに
戻ろう
担保金以上の
注文を出して
いるから
これからは
値動きを
しっかり見張る
必要がある
何が起きても
迅速に対応できる
取引所の近くに
いたほうがいい
休暇は
おしまいだ
その日の夜
リバモアは
ニューヨークに
戻った…
1906年
4月18日
午前5時
サンフランシスコ

ビシ
ビシ
ビシ

ズン
！
地震か
これはかなり大きいぞ！
サンフランシスコ
激震に見舞われる!!
人的・物的被害甚大！
君の直感力には驚いたよ
しかしこの災害でも相場は2ポイント下がっただけだぞ

すべてが強気に向かっているぞ
これからだ被害がさほどひどくないにしても
鉄道株が値を上げることはない
サンフランシスコからの情報が伝えられると
それに反応して相場は値下がりした
リバモアは自分の読みを確信したさらに5千株ユニオンパシフィックに売り注文
地震発生から3日目――
株価はいきなり暴落…ユニオンパシフィックはつるべ落としに値を崩し
リバモアはこの日25万ドルの利益を叩き出した

その夏——
サラトガ・
スプリングス
エド・
ハットンの
支店
ユニオン
パシフィック
出来高
この値動き
間違いなく
大口の買い
占めだ…
よし
買いだ！
リバモアは
U・P株500株を
買い続け
計5千株となった
数日後
——
リバモアさん
エド・ハットンが
お話し
したいと…
エドが
来ているの
かい

いえ　エド・ハットンは　ニューヨークに　おります
リバモアさんが　来店の際には　お引き留めする　ようにと…
お電話で　お話しに　なります
やあ…　エド…
リバモア！　何という　間抜けを　やってるんだ!!
いったい　何の話だ　…？
お前は　カモに　されとるぞ
今　お前が　やっとる株は　仕組まれた　ワナだぞ！
連中は　お前の懐に　水ぶくれした　株を送り込んで　いるんだ！
目いっぱい　値上がりさせて　手を引くつもり　なんだ！
値下がりした　株を買い戻す　お前は破産だ
本当か　…？

これ以上確かな話はない
トップからの情報だからな！
とても信じられん
どこかの仕手筋が買い占めている様子だが…
買い占めているのはお前だ
いいか間違いなく値は下がる
お前にはウォール街で相場師になってもらいたいと思っている
だからこんなことで破産してほしくはない
わかったエド…感謝する
ユニオン全額売り
その翌日ユニオンパシフィックは10パーセントの配当を発表
これを受けて同社株は10ポイントほど跳ね上がった

何と言って
よいのやら
……
これも
一つの教訓だ
善意の情報に
負け
自分の確信に
従うことの
勇気を持て
なかった代償と
しては安い
もんだ
このとき
取引を
実行するに
あたっては
自分の
流儀にのみ
忠実に従おうと
心に決めた
厳しい
投機という
学校で
一級上の
クラスに
進んだのだ
……
長く険しい
道のりだった
この一件で
リバモアは
トレーダーと
して
一通りの
学習を
修了したと
確信した

サラトガの一件以来リバモアは個々の銘柄の動きではなく相場全般の基本的なコンディションに注目するようになった…
カチャ
カチャ
—取引の鉄則を体得—
①市場全体の動きの方向を見定める。そして最も抵抗の少ない流れを見いだす
すなわち「相場の基調」を知る
②取引戦略を立てる
市場の動きを確認するため小口の試し玉を実行する
一時の衝動にかられて資金のすべてを投入するのは愚かである
③相場に材料が見えてから行動に移る。それまでは辛抱強く待つこと
大儲けができるのは相場が大きく動く時であることを忘れてはならない
いま株は大きな節目にある
上昇トレンドに変化が現れている
相場を引っ張るいくつかの銘柄は間違いなく陰りが見える
相場の流れも頭打ちだ
主要銘柄の動きを確かめる必要がある
4つの業種から2銘柄ずつを選んである
これらで試し玉だ

※相場が上がると見て、買い進む人たちのこと

相場が下がらないのはウォール街全体が売りを恐れているからだ
レディングの売りを一般大衆に触発させればいい…
エッ レディングの株が値下がり始めた…
110ドルの株価が…
あっというまに3ポイントも下落！
これはまだまだ下がるぞ
う… 売りだ！
レディング売り！
俺もだ！
数分前 2つのブローカーに4千株ずつの売り注文を出しておいたが…
こうも瞬時に下がるとは…
リバモアは数千株を一気に手仕舞い
数分後 株価が92ドルをつけたところですべてを買い戻した
こうして得た利益は
リバモアの銀行口座に100万近くの資金として蓄えられた

第4章

J・P・モルガンの要請
市場の運命を握った日

この年
市場は
弱気相場のまま
夏を迎えた
ピッ
ピッ
ピッ
ヒット!!
フロリダ
パームビーチで
相場を忘れ
大好きな
沖釣りに
興じ――
パームビーチ
から
パリの
避暑地
エクス・レ・バン
へ――

ヨーロッパの
風は心地
いい…
ワインも
最高だ
ニューヨーク
相場は
ふッ
いかん
相場を
忘れるために
休暇をとって
いるのに
うん！
この記事
は…？
スメルダーズ社が
特別配当を発表
したという記事
だった
この報は
相場全般を
軒並み押し上げ
市場には再び
強気が戻ってきた
かのようだった
まだ
強気相場は
終わってはいない

増配というニュースは強気筋が相場に抵抗して…
暴落前に持ち株を売り逃げしようと企んでいるにちがいない
リバモアはスメルダーズ株の売り注文を打電
執行された価格は新聞で見た時よりも6ポイント下がっていた
思ったとおりだこの※弱気相場においては
いかなる強気の相場操縦も失敗する
戦士の休息もここまで…戦場復帰だ
リバモアはすぐさまニューヨークに戻った
空売りするにはそこに居ることが必要だからだ

※下げ相場のこと

リバモアは売りを開始した
すでに立証済みのテクニックを武器に
小口の試し玉で足元を確認しサイズを拡大していった
あと2～3回揉んだあと
本当の売り局面に入れば
相場は必ず動きべき方向に動くはずだ
このとき不気味な暗雲が市場全体をおおい始めていた
やがていくつかの主要銘柄を対象に
巨大な※売り玉が積み上げられた

※新規に売った株や先物のポジションのこと

資金供給の
行き詰まりが
あらわとなった
のだ
いくら
貸して
もらえる
んだ！
頼む！
金利は
いつもの倍
払う!!
金を
用意して
くれ！
お…
お待ち
ください
ご用立て
できるのは
いつもの
半額くらいしか
ありません！
それで
いくら
借りられ
るんだ！
借りられ
なければ
うちは
破産だ!!
半額でも
いい！
早く金を
…!!

いったいどうなっちまうんだ?
だれもが今にも破産しそうだ
株は売れない金はない
こんな状況じゃ金融界全体が破産するぞ
暴落の予測をしていたがこれほどの事態になるとは…
コールローンも悲鳴を上げている
10月24日ついに破局が到来した!
なにッ!?
何だとォ!?
コールローンとは
銀行から証券会社に提供される当座貸し(短期限定)
この現金が証券会社より信用取引の資金として投資家に融資される
市場を燃やす燃料といっても過言ではない
その燃料が底をついたのだ
株式市場は信用取引なしでは動かないのである

どれほどの金利を積まれようが
注文には応じられない！
金を出せ！
俺たちに首をつれと言うのか！
うちは一家心中だ
金を！
貸したくても
金が底をついているのだ！
金融の街ウォール街から資金が消えた!!
これは信用危機以外の何ものでもなかった
株価は恐ろしい勢いで下落していった

この状況では
だれもが敗者に
なるかも
しれん…
だが
正しい道と
私が選んだ
道だ
突き進む
のみ！
ギギー！
リバモアは
相場の下落を
利用して
売り玉を
さらに
増やして
いった
このとき
証取理事長の
R・H・トーマスも
動いていた
スティルマン
この状況を
打破するには
どうしたら
いい！
モルガンだ
J・P・
モルガンに
会おう
そうか！
そうだ
モルガンに
会うしかない！

モルガン家総師
金融界の巨人
J・P・モルガン
今や金融の中枢部は危機的状況にあります
これを放置すれば信用危機の全米波及は必至！
そうなればアメリカ産業界全体が壊滅的な打撃を受ける
恐らく…息の根を止められる
わかったすぐに証取に戻り
資金は十分にあると伝えるんだ
しかしそんな金がどこに…
もちろん銀行だ

市場はわれわれのテコ入れを待っている
A銀行
現金が必要だ！
は…はい
B銀行
必要なだけの量を用意しないと金融界は足元から崩壊することになる
C銀行
市場を救うといってももう限度いっぱいまで貸し込んでいます
これ以上融資する金はない…
準備金の積み立てがあるだろうが！
吐き出すんだ！こんなときのための準備金じゃないのか!!

間違いのない話だろうな！
金はいつ届くんだ！
もうしばらく待ってくれ！
安心できるだけの額だ
!!
1千万ドルの融資を認めるとの
正式許可を得ている
いくらだ！
いくら用意できるんだ！

ヴォオオオオオ
私のところは5万ドル必要だ！
うちは2万ドルだ！
静かに！落ち着いて！
全員に行き渡るだけの資金はある！
J・P・モルガンの果断な奪配により
証券市場が救われたのみならずアメリカの金融崩壊が回避された
この日はウォール街の伝説の日となった――
同じくリバモアはこの日生まれて初めての
100万ドルを超す利益を実現した

100万ドルの利益以上に
私の新しいやり方の正しさが証明されたことに意味がある
明朝には持ち株を叩き売り崩せば
主力株を叩き売り崩せば
未曽有の大雪崩が起こる…
100万ドルどころか1千万ドル2千万ドルの利益も夢じゃない…
しかし私の売りでアメリカは深く傷つくことになる…
株式市場が消滅することにもなりかねない

重大な局面だ
よく考えろ!
リバモア!!
市場の
崩壊か…
存続か…!!
コンコン
ハッ…
ど
どうぞ
やあ
ジェシー
実は
明日の
相場のことで
伝言を
ことづかって
きた
伝言とは
何だい
リード
市場は
もうこれ以上の
売りは控えて
ほしいとの
要請だ

それは君のボスからの伝言か…？
いやもっと高い位置…
力のある人物からの要請だ
J・P・モルガンか…？
ほんとうか…？
この事態でパニックを回避するのは難しい
ぜひリバモア君の愛国心に訴えてくれ……と
連中だってこの相場で何カ月も前から売りをやっている
下げ相場が近いと知りながら
にわか相場師に莫大な高値株をつかませてきたんだ
君の言うとおりだ頭のいい抜け目のない一握りの相場師が売り抜けを図る
その結果泣きをみるのは一般大衆だ

ジェシー われわれの手で 市場を制御 できるように するべきだ
株の放出 市場の出血を 止めるんだ
でないと 手のつけられん 大混乱が 持ち上がる
待っているのは 市場の終焉《しゅうえん》だ
そして その命運を 握っているのが 君だ
……
ボスに 伝えてくれ 私も同じ 考えだと ……
売りはやめ 明朝 手仕舞《てじまい》する
感謝する キング
君の話は 直接 重鎮に伝える

キング・か・・・
つかの間とはいえ私は市場の命運を支配したのかもしれん…
翌朝買い戻しに出たリバモアは
市場の反騰に火をつけた
相場が上昇軌道に乗ると様子見をしていた一般投資家が市場に戻ってきたのだ
この日リバモアの手には
300万ドルの現金が確保された

第５章
商品相場
コットン・キングとの出会い

1907年10月——
休養のためのヨット購入
これでいつでもフロリダ沖で
釣りが楽しめる
しかし休暇は実現しなかった
商品市場から目が離せなくなったからだ
リバモアはすでに株のほかに商品相場にも手を広げ研究を重ねていた
抱えている小麦100万※ブッシェルの売りは思惑どおり下げているが…

※アメリカで使われている体積の単位で、約８ガロン（約35リットル）

トウモロコシだけは価格上昇中…
まずいな買い占めか…?
—買い占めの手口—
売りから入る
機をみて一気に買い進む
株なら市場に１株もなくなる
将来の値下がりを見越して空売りした相場師は手仕舞いするにも買い手に渡す玉がない
そこが買い占め屋のつけ目で法外な値で売りつける
受け入れざるを得ないため、巨大な損害を被り身を滅ぼす…
理由はすぐにわかったグレート・ブルと異名を持つ
アーサ・カントがトウモロコシを買い占めていたのだ
ジェシー・リバモアが100万ブッシェルのトウモロコシを空売りしているが
トウモロコシは俺の手にある
1ブッシェル当たり10セント引き上げれば
奴にとって100万ドルの痛手だ
リバモアを叩き潰してやる!!

フロリダ沖
どころか
生き残る
道を探さ
なければ…
この
トウモロコシを
何とかしない
かぎり…
すべてを
根こそぎ
失ってしまう
そういえば
カントは
トウモロコシと
並行して
オート麦も
買い占めに
出たという
話だ
オート麦で
カントと対立
するグループは
シカゴの
アーマー
ファミリー
それも
カントに追い
つめられて
いる
待てよ
これは
使える
起死回生の
策だ!!

翌日——
リバモアは小麦を手仕舞い利益を確保
オート麦5万ブッシェル売り!!
さらに5万売り!!
オート麦全部で20万ブッシェルの売り…
この売りを見てトレーダーたちはカントの買い占めを打ち破るためにアーマーファミリーが強烈なカウンターを放ったと見るだろう
リバモアの猛烈な売り攻撃を受けてオート麦相場は大幅下落を見せた
これってカントのオート麦買い占めに対抗する
アーマーファミリーの反撃だ!
次の標的はトウモロコシだな?
となると高値のいまが売りのチャンス
売りだ!! トウモロコシ売りだ!

リバモアは売りに出されたトウモロコシをすべて買った
うまく買い戻せなければ250万ドルの損失を被るところだった
読みどおりだオート麦も手仕舞い…
小麦の利益もありトウモロコシは2万5千ドルの損失で済んだ
カントはその後数日の間にトウモロコシを25セント引き上げた
さて…これで本当に休暇がとれる…
フロリダの太陽は心地よくリバモアは沖釣りの醍醐味を味わった

そして夜はビーチ・クラブへ
ジェシー ご機嫌はいかがかな
毎日を楽しく過ごしていますよ
それはいい
ところでコットン・キングのニュースは聞いたかね
コットン・キング
あのパーシー・トーマスですか
ああ 綿花相場の大物…
パーシー・トーマスが資金に行き詰まり破産した
綿花先物3月限の買い占めに失敗したのが原因だ

コットン・キング
パーシー・トーマスが
綿花でしくじった
という話を聞いて
リバモアの
興味は釣りから
相場へ回帰
していった
ニューヨークに
戻ると
業界紙を
教材に
綿花に対する
知識を吸収
していった
綿花…
7月限は
だれもが
売りに出て
いる
相場の暴落を
期待しての売り
か…？
だが
空売りに
出ている連中は
いずれ買い戻す
ことになる
綿花は
買いだ！
5月後半
リバモアは
ひたすら
綿花を
買い続け
12万ベール※を
買った

※綿花などの梱包単位

今日
土曜の市場は
半日で引ける
取引終了
10分前に
5千ベールの
買いを
4回に分けて
実行した
合計
2万ベールの
買いが
どう効果を
現すか
見ろよ
シカゴの
綿花相場
30ポイント
高で引けた
ぞ…
月曜の朝
ロンドン市場は
シカゴにつられて
必ず上昇する
あとは
大量の買いを
どう処理する
かだ
月曜日
朝——
ロンドンの
綿花相場
30どころか
50ポイントの
上昇だ
しかし
売れば
値下がりも
あり得る
状況だ

綿花7月限
ジェシー・リバモアが
買い占め!!
このニュースを
きっかけに
綿花相場は
青天井と
なった…
この
チャンスを
利用しない
手はない！
リバモアは
14万ベール
すべてを
売った
そして
この手法は
リバモアの
トレード
マークとなる
幸運が舞い
込んだ場合
あるいは
予期せぬ
チャンスに
恵まれた
場合
それ以上の
利益拡大を
図らず
即座に結果に
つなげる
手仕舞い
しにくい膨大な
ポジションを
抱え込んだ
場合
特に
この手法が
重要となる
値下がり
させずに
商品を売り
抜くのは
至難の業と
いえるからだ
好結果を
得られたのは
このニュースの
おかげだ
バサッ

フロリダ
ブラッドレーの店――
ご一緒しても構いませんかな
ミスターリバモア
いいですとも
J・Lと呼んでください
実は君に聞いてもらいたい話がある
何でしょう
私の相場のパートナーになってもらえないだろうか
銘柄はもちろん綿花だが
それは光栄な話です
私がだれかと組むとしたら…

パーシー・トーマス
あなたに白羽の矢を立てるでしょう
あなたが折り紙付きの相場師であることはよく知っています
しかしご存じとは思いますが私は相場についてはだれとも組まず一人でやる
これが私のルールなんです
いや聞いてくれ
君ほどのトレーダーは見たことがない
トウモロコシ相場でカントが仕掛けた罠を鮮やかにはねのけ
オート麦でアーマーファミリーのイメージを利用したあの手段
まさに神業だ
そして綿花における新聞の見出し
成り行きを計算しつくした布石の打ち方といい…
君の相場さばきには本当に感服した

私がすべてを失ったのは知ってのとおりだ
私が君ほどの相場に関する能力を備えていなかったからだ
今の私に欲しいのはその能力だ
だから私のパートナーにと持ちかけている
申し訳ないが
一人でやるというルールは破れません
残念だがわかった…
しかしリバモア君
綿花には大いに興味ありとみた…
私の知るかぎりの情報を教えておこう
コットン・キングはリバモアを相手に綿花について
詳細な講義を始めた

語り手はこの分野の碩学《せきがく》であり
並はずれた頭脳と弁舌の持ち主コットン・キングパーシー・トーマスである
綿花について彼が語る事実はすべて完璧であり論理的にもまったくスキがなかった
ついにリバモアはコットン・キングの話術にからめとられていった
そしてリバモアは勝負に打って出た
綿花買いだ！
6万ベールの買いに出たのだ
いいのかリバモア！

リバモア「他人の情報をアテにするな」
「他人のゲームに乗るな」という
重要なオキテを破っているぞ！
綿花相場は思惑と逆に下がっている
待ちなさい！リバモア
ここは売って損切りするのがルールだろ！
ここは安値で買い増し
反転を待つナンピン買いだ…
リバモアは買いを続け15ベールまで買い増したが…
綿花の損が膨らみ追証を請求されるぞ…
どうする…？
そうだリバモアルールどおり
「損は切れ利益を確保せよ！」

大玉で買ってある小麦は利益を出している
この利益を綿花にまわそう
バカなまたしてもルール違反
利益の放棄だ!!
リバモアが小麦を手放したとたん20セント上昇…
800万ドルが手中から逃げていった
リバモアの判断はすべてにおいて狂い始めていた…
綿花は底を付けた!
買いだ!
ま
待て
まだ底は付けてないぞリバモア!
ついに刀折れ矢尽きる時がきた
リバモアの手には44万ベールの綿花と莫大な損失が残った

この
綿花相場
……
270万ドルの
損失か……
すべては
コットン・キングの
弁舌と論理に
惑わされた
結果だな
この一件で
コットン・キングは
何の利益も
得てはいない
あくまで善意の
情報だった
はずだ
この教訓は
胸に刻みつけて
おく…
高い
授業料
だったたな

リバモアはこの損失を取り戻すべく再び市場に戻った
一発逆転の狙い目は……
D株だ……
D株買い！
思惑で相場を張り最後のトラの子も失った
300万ドルを失い
100万ドルの借金が残った……

第6章

再起のリバモア
第一次世界大戦

大した相場師だよ
お前は…
打ちひしがれたリバモアはシカゴへ向かっていた

綿花の失敗に続く最後の取引
目もあてられない！
三流のバクチ打ちの行動だ
あとで見ても自分の売買記録とは到底思えん
何が間違いだったのか…
自分の確立したルールをすべて破って行動したことだ
それは感情に流され正しい道を選ばなかったからだ
シカゴ――
ミスターリバモア
このたびはお気の毒としかいいようがないが…

あなたの将来性
つまり私どもの手数料の拡大を見込み小規模ですが融通いたしましょう
ありがたい……
シカゴでは極めて保守的に取引を始めたそして3カ月もたったころ
ミスターリバモア電報です
すぐニューヨークに戻れルシアスタッカー
以前取引していたブローカーの支配人からだ
電報をもらったが……
どういう用件だ
ニューヨークでも有数の銀行家が君に会いたいと言っているんだ
すぐに戻って来い
銀行家が……
私に会いたいと……

本当に
よく来て
くれた
あの
有名な
銀行家
ダニエル・
ウィリアムソン
か？
内容は
知らないが
あなたにとって
うまみのある
ビジネスだと
いうことです
……
ブロロロ‥
お連れ
しました

リバモア君綿花相場でのトラブルは本当に残念だったな
しかし株式相場において
君がどんな実績を残してきたか私はよく知っている
私に求めるビジネスとは？
私どもの店があなたのブローカーになるということです
株式相場の……
それはありがたい話だが
お断りします
なぜ？

私にはお金がありません
それは問題ない 私が資金を提供する
2万5千ドル
ただし うちの店を通じて取引することが条件だ
……
正直に話しておこう
うちは大口の投資家を顧客として何人もかかえている
そしてそれぞれが独自の商売を展開している
彼らがここで何をしているか公にしたくないのだ
君がうちの店で仕事を進めてくれれば
ほかの人物がどんな取引をしようが関心を持たなくなる…

君は
大勝負に
出ることと
グレート・ベアと
呼ばれるほど
売りで儲ける
ことでも有名だ
君が売れば
だれもが
得意の行動に
出たと解釈
する
この店を通じて
行われる
大口の取引…
それも
売り建て
――
私に
その煙幕に
なれと……
その
とおりだ
今
目の前にいる
この男が
復活する
チャンスを
与えてくれて
いる…
引き受け
ましょう
よかろう

リバモアはウィリアムソンの店に口座を開き取引を始めた
勢いのある上げ相場の波に乗り
3週間後には2万5千ドルを15万ドルまで増やした
お借りした2万5千ドル
お返ししたいと思います
リバモア君返済なら君の口座に
もっと現金がたまってからでも遅くはない
ところで今日アトランティック鉄道を1万株空売りしただろう
これはキャンセルした
キャンセルって！
この相場は下げに向かっているんですよ！
私がOKを出すまで
この株は空売りしないことだ
……

私なりに調べたよ
アトランティック鉄道はウィリアムソンの義兄の会社だ
義兄は鉄道関係の大物…
そして有数の大富豪…
その人物は長い間病気で死期が迫っていた…
確かに…
ウィリアムソンの陽動作戦だ
彼の本当の目的は義兄の資産の現金化だ
あなたを前面に立てれば
ウォール街で大きく売り建ててもだれも怪しむ者はいない

鉄道株が買い叩かれることなく
売却されるという寸法だ
十分あり得る筋書きだ
確かにあそこの株はもうあらかた現金化されている
私に市場の目が集まっているスキに
巧妙な計画が実行されたというわけか…
それもあるだろうが…
もっと大きな狙いがあったと思う
大きな狙い…？
うちのボスは相場は軟化し弱気に転じると読んでいたはずだ…
それに君の腕が確かだということも知っていた
君が相場を張る陰で
本命の資産売却を実行していたのは確かだ

それより君を側に置いておかなければならない理由があったんだ…
その理由とは…？
いいかいジェシー君は遅かれ早かれ
株の世界に戻ってくる逸材だ
戻ってきて本格的に活動するようになれば…
20万　30万の株は楽に動かすようになる
君のことだボスの義兄の会社の株がどんどん市場に流れ込んでいることに気づき
この鉄道株にとびつき猛烈な勢いで売ることになる
確かにあの時
1万株を売りに出したのがキャンセルされた
君に売られてみたまえ
標的になった鉄道株はあっという間に急降下だ

ボスも売りにまわったときの君の猛攻ぶりは知っている
そしてそれを恐れたのさ
私を囲い込み……
籠の鳥にすることで都合の悪い横ヤリを封じ込める…
ボスの姉は2億5千万ドルを手にしたという噂だが
君が野に放たれていたらどこまで値が下がったことか
……
ボスの狙いはそういう所にあったんだろう
その日ウィリアムソンに告げた——

ここでの取引は今日かぎりです
そうか寂しくなるな
でしょうね芝居の幕はもう降りたんですから
コットン・キングそしてウィリアムソン
私が信頼を寄せると相手から手ひどい一撃を喰らう
特にこの打撃は大きかった
そして悔やまれた
貴重なチャンスも逃してしまった
相場の状況は悪くなかった
あの風に乗っていれば借金だって返せたはずだ

それができなかったのもウィリアムソンへの気持ちを優先して
自分の取引の手足を縛ってしまったからだ
取引は一人で自分の口座のためにのみ行うという
大事なルールまで破っている
あきれたもんだ…
1910年強気相場は去り
冴えない雰囲気がウォール街に漂っていた
HOTE
いつまでたっても湿っぽい結果しか得られない

友人への
多額の負債も
返す見通しが
たたず
そんな
彼らと顔を
会わせるのが
辛い毎日だ
今
深い底なし沼に
沈みもがいて
いる自分が
いる
選択肢は
2つ…
一つ目は
バーン
二つ目は
この底なし沼
からどうして
はい上がれ
ないのか
この
現状を分析
することだ
ドン
ドン
リバモア
居るか！
今日
相場で
200ドル
稼いだそう
だな！
利息か
元金の一部
でも返済
してくれよ！
ドン
ドン
いつもの
あいつか
……
ドーン
ドン
チョット
稼いだだけでも
すぐに返済を
要求してくる

私の取引に口出しまでしてくる男だ
おかげで復帰の足がかりとなる元手すら貯めることができない
居留守を使うならそれでも構わねえ
また明日来るからなリバモアさんよォ！
やはり問題の根本は金か…
借金という鎖ががんじがらめに縛り上げている
この鎖を解かないかぎり立ち直ることは不可能だ
リバモアは破産手続をとる決心をした
債務にまつわるモヤモヤにケリをつけ心機一転して相場に戻る必要があった

破産申し立ては返済を放棄することをもくろんでのことではなく
気持ちのうえで借金から自由になり
また取引で儲けられるような環境をつくるためです
君のことだ必ず勢いを取り戻して
きちんと清算してくれると思っている
われわれは君の復活を信じている
またうちの店を利用してくれたまえ
待っている
借りている金は必ず返す
君ならできるさ

1914年
世界大戦
ヨーロッパで
勃発――
この年
市場は
7月31日から
12月15日まで
閉鎖された
取引所は
閉鎖…
私には
資金をつくる
術がない
しばらくは
耐え忍ぶ
だけか
ジェシー・リバモア　綿花相場で破産!!
連邦裁判所に自己破産の申し立て…!

ここで取引させてほしい
いくら入用だ
そちらで決めてもらって結構…
よかろう500株の信用枠を提供しよう
君の口座はまだ生きている
すぐに手配する
私がいつか戻ってくると…？
たぶんね
リバモアにとって500株はわずかな取引でしかない
しかし1株当たりの価格に150ドル利息なし7万5千ドル株ならそこがスタートだ

利用できる資金は限られている
失敗するわけにはいかない
チャンスは1回 そのワンチャンスで利益を上げることだ
狙うべき銘柄はベスレヘム・スチール！
戦時にあって間違いのない
一般投資家にも人気の銘柄だ
次に何をすべきか……
待つことだ
すべての条件が出そろうのを待つんだ
じっと耐えること6週間―― そしてついに動く時がやってきた
スチール株 現在98ドル

過去どの銘柄も1000ドル2000ドルといった大台を超えるとともに
力強く上昇する傾向にある
スチール株も100ドルを超えたら火がつく500株購入だ！
スチール株は114ドルまで上昇
ここで信用買いによりさらに500株買い増した
カチャ
カチャ
その翌日この株は145ドルを付けた
スチール株を手仕舞いして5万ドルの利益…
これを担保金にすれば50万ドルの信用取引が可能だ
ジェシー・リバモアは復活した
ウォール街のゲームに復帰したのだ

資金に余裕のできたリバモアは相場で勝ち続けた
明らかに以前の切れ味を見せるようになっていた
1916年市場は戦時景気のあと押しを受け強気相場の最中にあった
産業界はフル回転で生産力を上げている
あらゆる商品工業生産品が戦地のヨーロッパに輸出され
その見返りの金がアメリカに流れ込んできている
空前の好景気になっているのは
だれの目にも明らかだ相場を押し上げる操作も不要
ただ強気に買えばいい状況だ
しかし今の強気相場も永久に続くわけがない
いつかは弱気になる
その分岐点を探すことが必要だ

リバモアは相場をリードする銘柄に目をこらした
これら銘柄の勢いが鈍り頭を下げたり横バイになったりするときこそ弱気相場に転じるサインだ
自分の判断に間違いがないかどうか
試し玉で打診してみるか…
強気銘柄として
人気のある12銘柄を5千株ずつ
空売りだ
そして数日後—
相場が下がり始めた…
空売りした銘柄すべてが
最低でも4ポイントの下げ…
読みは正しかった!
テープは弱気相場へ転じたことを告げている
保有株を倍にして推移を見守るだけだ

ポジションを建ててから7週間ばかりたったころ
ヒソ
ヒソ
かの有名な機密漏洩事件が起こり相場は暴落した
ウィルソン大統領が
和平提案をしたらしい
ドイツと連合国は受け入れたのか？
そこまでは知らんが
終戦となれば弱気の材料だ
外国への物資提供が止まり
このアメリカに不景気風が吹く…
こうしちゃおれん！
このニュースが世間に広まる前に売り抜けだ！

は…早く売り抜けなければ！
急げ！
この情報が真実かどうか知る由もないが…
私にとっては吉報！チャンス以外の何ものでもない
売り逃げを図るトレーダーたちの行為で株価はもっと下がる
12万株の空売りを買い戻すチャンスだ！
買い戻しを開始して1時間後すべての銘柄を手仕舞い
その日の取引を終えた
取引の成果は300万ドルに達していた

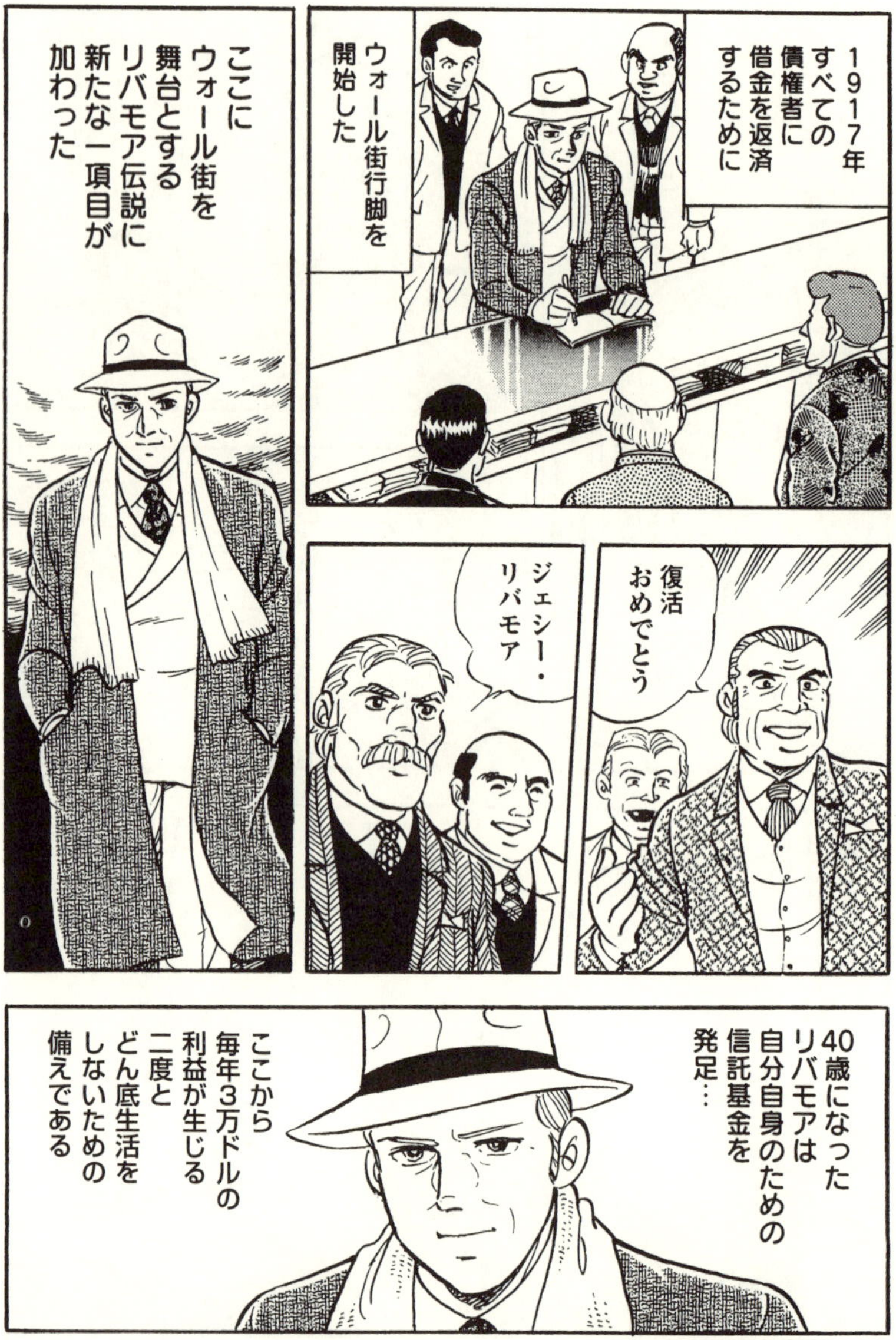

1917年
すべての
債権者に
借金を返済
するために
ウォール街行脚を
開始した
ここに
ウォール街を
舞台とする
リバモア伝説に
新たな一項目が
加わった
復活
おめでとう
ジェシー・
リバモア
40歳になった
リバモアは
自分自身のための
信託基金を
発足…
ここから
毎年3万ドルの
利益が生じる
二度と
どん底生活を
しないための
備えである

第7章

戦下のコーヒー相場とウォール街最後の買い占め

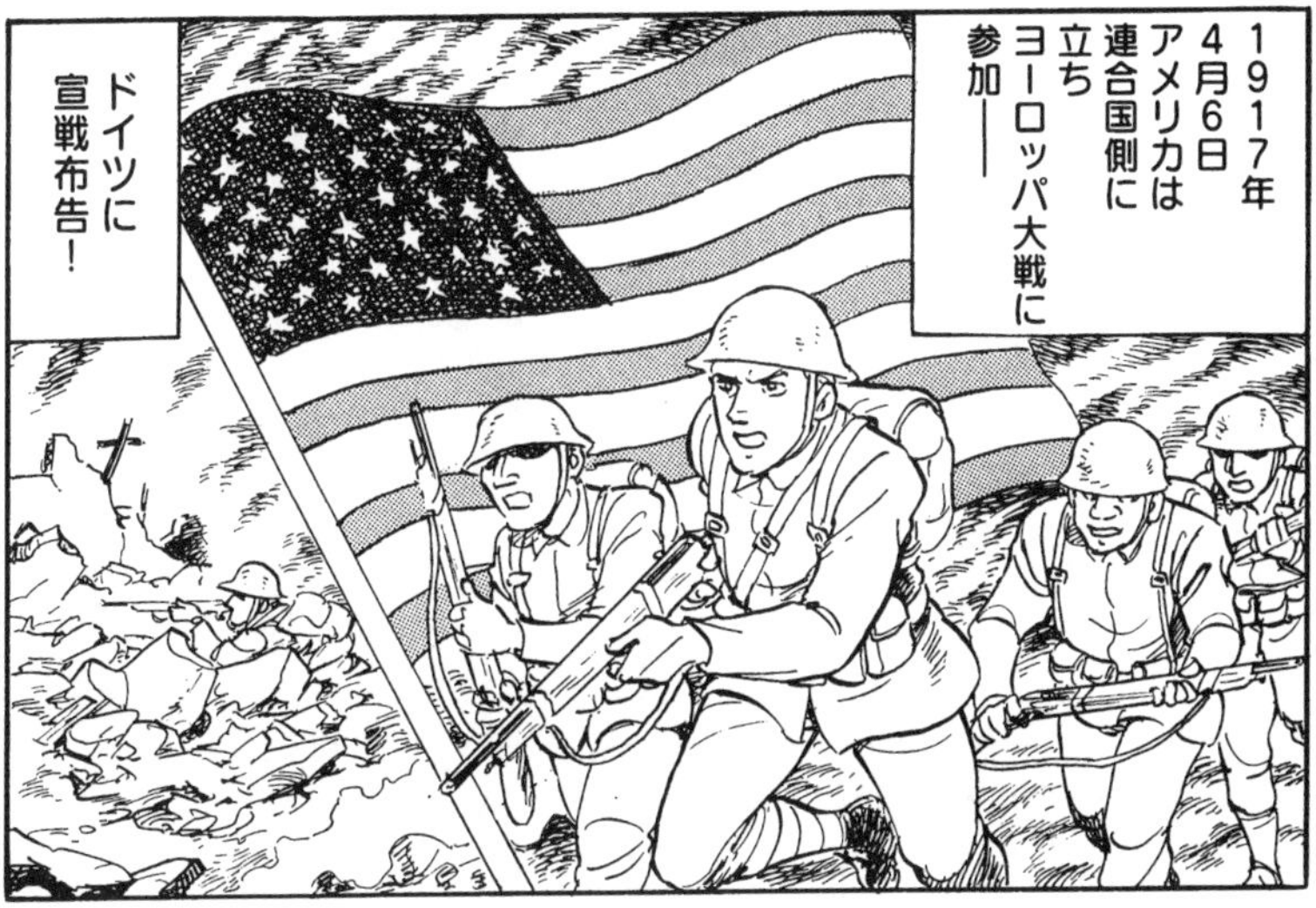

原因は
わかった
ヨーロッパの
市場が戦争で
閉鎖され
すべての
コーヒー豆が
ビッグマーケットの
米国市場に
集中
商品が
供給過剰になり
価格を下げたと
いうことだ
理由は
特定できた
無差別攻撃を
行っている
ドイツの潜水艦
攻撃が激しく
なれば
産地から
米国へ運ぶ
船舶は激減
する
時間は
かかるが
将来の利益は
確実に見込め
る…
コーヒーは
買いだ
冬にコーヒーを
買い始めたが
相場の反応は
なかった
9カ月間
持っていた
ポジションも
納会が
来たために
手仕舞い——

損失は甚大だったが私の読みは正しいと信じている…
タイミングを誤ったのだ
コーヒーは絶対値上がりする
リバモアは小口買いを繰り返しコーヒー先物を精力的に買い進めた
コーヒー買いだ
そして読みは的中した
相場が上がり始めたぞ
増し玉だ！
このコーヒーで一年間というもの待ちに待ったわけだ
おかげで私の手元に数百万ドルの利益が転がり込んでくる
しかし思わぬ落とし穴が待っていた

リバモアとは逆に売っていた連中は大幅な値上がりで巨大な損失を被る見通しとなり
ワシントンに押しかけたのである
時の権力者たちを前に彼らは口々に…
米国のコーヒー愛飲家の利益が保護されてしかるべきだと訴えた
戦時価格操作防止委員会に対しても
リバモアがコーヒーを買い占め価格をつり上げようとしていると主張——
委員会は即座にコーヒーの上限価格を設定
決められた期限内にリバモアの持つ建玉を整理するように指示した

コーヒー
取引所も
閉鎖され
私には
なす術も
ない
莫大な
利益は…
消え去った
……
しかし
この年における
リバモアの
取引実績は
コーヒーを除けば
商品・株とも
そうそうたる
ものだった
1918年
世界大戦
終結…

リバモアの取引の実際を見て人々は言う
リバモアの取引の基盤は独特の第六感だ…
いやトレーダーの勝負勘だろう
きっと星まわりのよさだよ
運がいいってことか?
余人にはない念力でテープからのメッセージを受け取っているんだ
まるで超能力者扱いだな
ま…君の直感力というか…
その能力には私たちも驚かされることがあるからな

われわれは われわれによる 体験の集大成 である… アリストテレス…
この一節で 哲人の偉大さを 認めたよ
実生活に よる体験が 無意識のうちに 内部に蓄積され それが知性の 力により 外の世界に 引き出される
つまり 自分を突き 動かす源泉は カンじゃない
全身全霊を 傾けてなされる 頭脳活動の結晶 だよ
事実をよりわけ 必要部分を抽出し 情報を統合…
過去の 事例を想起し 現況への対応を 考慮し… 周囲の 投資家たちを 注視する

すべて自分一人の判断で書き上げた答案だ！
これが迅速果敢な行動へと移る
私の直感力だと信じている
体験の集大成か…
私もアリストテレスを読んでみようかな
それがいい…
1922年リバモアのオフィスにある男が訪ねてきた
食品雑貨小売チェーン
ピグリー・ウィグリー社創立者兼オーナークラレンス・ソーンダンス

上場はしたものの人気銘柄にはならず
株価は下落…
ミスターリバモア!
ぜひうちの株価引き上げをお願いしたい
ガバッ
1千万ドルを用意しましたが
お引き受け願えるでしょうか?
お宅の株は35ドルになっていますが…
それ以上の価値があると…?
はい!! 50ドルで上場しましたが
それでも安すぎると思っています
市場に出回っているのは…
20万株
残りは私が保有しています

わかりました
報酬として株価の値上がり分20パーセント……
その条件で結構です
仕事はすぐにかかっていただけますか
明日から…
頼みましたよ
そして1週間後——
浮動株20万株のうち10万5千株を買い占めましたが
株価は35ドルからピクリとも動かない
それはどういうことで……？

つまり……
市場はあなたの株に関心を持っていないということです
そんなバカな！
おれにはもっと価値があるんだ！
預けた金でどんどん買い増してください！
リバモアはマーケットに戻り買いを実行した
その結果株価は70ドルまで高騰した
そしてある噂が広まっていった
ピグリー・ウィグリー株が買い占められているそうだ
しかもその仕掛人は同社のオーナークラレンス・ソーンダンス
自分の株を処分するためのにわかグループが組織されたって話だ

このバブル株がはじけるのは目に見えている
私はすでに空売りで勝負している
私もだ
わしも空売りしたよ
何てことだ友人は皆空売りに走っている!
私の手の内には20万株のうち19万株があるんだ
値下がりしようがないものをどう買い戻すつもりなんだ!
上々の首尾ですねミスター・リバモア

株価は70ドルに上がったうえ…
市場で買える株はゼロといっていい…
買い戻しが必要な連中に…
19万8千株の引き渡しを要求してやる！
そんなことをしたら天井知らずの値段となります
それこそ私の望むところだ
私の株をいままでコケにしてきた
相場師連中の鼻をあかす絶好の機会だ
私の考えは違う…
あなたのやり方は賢明とは思えません

何だって⁉
買い集めた
株を奴らに
渡す気か⁉
それじゃ
初めの約束と
違う‼
私の友人の
多くが破産
する
友人の
破産を
見過ごす
わけには
いかない
奴らは
あんたが買い
集める株の
向こうを張って
空売りして
きたんだ!
それでも
友人と
呼べるん
ですか
そういう
ことも含め
ゲームは
成立する
しかし
それは
あなたの
ゲームで
あって
私の
ゲームでは
ない

※空売り筋が締め上げられて上昇していく相場のこと

あんただって35ドルから値上がりした分が儲けになるんだぞ！
今なら100ドルだって目じゃない！
莫大な儲けが目の前にぶら下がっているんだ
このままいくほうがそれこそ賢明というものじゃないのか！
意見の相違だな
このまま株の引き渡しを強行するというのなら私は降りる
ダニエル・ドリューの言葉を知ってるか…？
自らが保有していないものを売ったら買い戻すか監獄に行くかだ
そう彼は言ったんだ！
もちろん承知している
それと同時に他人から与えられたくないと思う仕打ちを他人にするなという言葉もだ

私はこれからもこの世界で
生きていくことになる末永く…
気持ちが変わらんのならこれ以上話しても仕方がないな
今後の幸運を祈るよ
あんたには無駄骨を折らせて気の毒とは思うが
私のせいじゃない
仕事の話ならまたあるさ
では失礼…
翌日――クラレンス・ソーンダンスは自分の主張を実行した

空売りを
買い戻し
証券を
引き
渡すよう
要求した
数時間後
ピグリー・
ウィグリー株は
70ドルから
124ドルへと
狂騰した
しかし
クラレンス・
ソーンダンスが
自社株を
買い占めて
いるという噂が
理事会の耳に
届くことに
なった
自社株の
買い占めは
新証券取引法に
違反する行為
のため
ピグリー・
ウィグリー株の
一時取引停止が
決定された
噂が真実と
証明されると
株価は82ドル
まで急落し
リバモアの
友人たちは胸を
なでおろした…
その後
クラレンス・
ソーンダンスは
すべてを失い
破産した
俺の勝ちは
目前だった
それを
リバモアの
奴が…
巨額の
富より
…
友情だ
ってか…
ヒック

第８章

金融大恐慌

1929年
株式相場は
沸騰するような
強気相場に
あった
リバモアは
徹底して
買いに出て
いた…
それは必ず
やってくる
市場は
衰えの気配など
見せてはいないが
主力銘柄を
分析すると
過熱
しすぎだ
トレンド
ラインも
上昇から
横バイ…
強気市場の
最後の
ひと跳ねに
向けての
調整なのか

あるいは市場全体を包み込む大きなうねり激震の予兆なのか
私の経験と直感は今がピークだと訴えている
しかし問題はそれがいつ到来するかだ…
買いを手仕舞い
売りの試し玉だ
リバモアは数種類の銘柄を選び試し玉を開始
カチャ
カチャ
カチャ
買い戻しの期限がきても株価は下がらず25万ドルがふいになった
シカゴの商品取引所では主な銘柄は軒並み値を下げている
ロンドンパリからの連絡も同じだ
世界が深刻なデフレに向かっている
なのに相場は上昇を続けている
二度目の試し玉だ

二度目も空振りに終わったが
三度目の試し玉は確かな手応えをもたらした
この上昇相場のなか空売りから入って利益が生じた
市場にも大天井を打った兆候が見える
そのあかしに…
大口の買いが入ってもそれをきっかけにさらに激しく上昇するという活力がない
バランスを崩せば今にも雪崩が起きそうな状態だ
魚影を追う自分の目を信じ忍耐強く待った結果…
大物が釣り針にかかった
あとはこの獲物を手先にたぐり寄せるだけだ

ジェシー
この時期に
なぜ売り
なんだ？
景気は
最高
流動性も
文句なし
経済環境は
まさに
順風満帆だ
新聞配達の
少年さえ
株を買えば
絶対
儲かると
わかって
いる
狂気の
沙汰か
……
しかし
私の正しさは
すぐに証明
される
それなのに
売りとは
……
狂気の
沙汰だぞ
ジェシー
……

※個人投資家に対し、専業で投資を行う法人や団体のこと

※当時の1ドルは……現在の日本円にして約1133円

その
直撃を受けて
命を絶つ者が
続出し始めて
いた
一時の幻想に
踊った者
一生の
蓄えを
失った男
愚かな
夢を見て
敗れた者
いずれも
悲痛な叫びと
メモを残した
すべてを
失った――と
一般投資家の
ささやかな夢と
老後の備えが
海のもくずと
なって消えた
そして
国中が打ちのめ
された

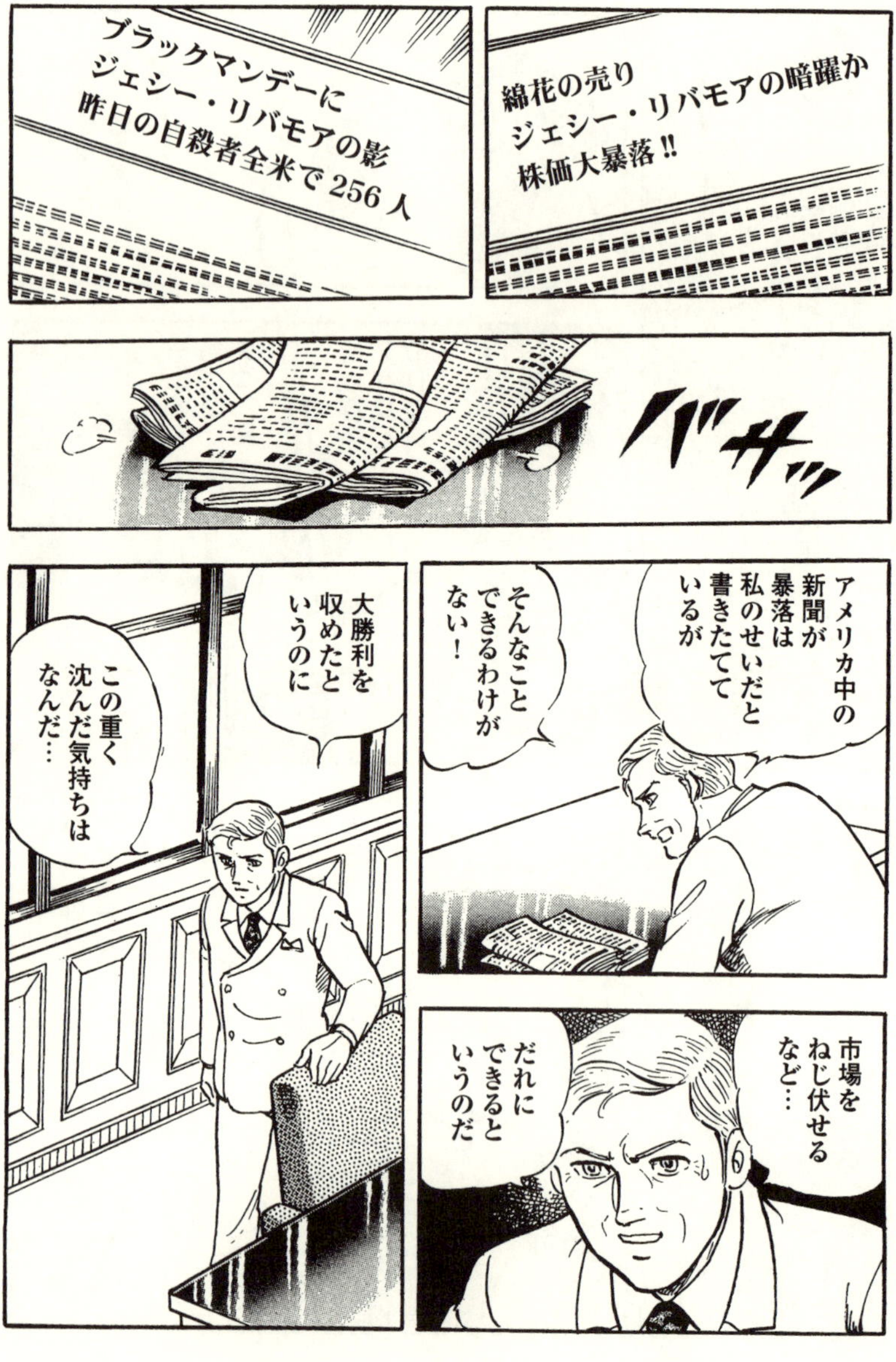
綿花の売り
ジェシー・リバモアの暗躍か
株価大暴落!!
ブラックマンデーに
ジェシー・リバモアの影
昨日の自殺者全米で256人
バサッ
アメリカ中の新聞が暴落は私のせいだと書きたてているが
そんなことできるわけがない!
市場をねじ伏せるなど…
だれにできるというのだ
大勝利を収めたというのに
この重く沈んだ気持ちはなんだ…

なぜ…
こんなことに
なってしまった
のだ…
5年後
リバモアは
破産申請を
連邦裁判所に
提出――
1934年
シカゴ商品取引所
会員としての
資格が破産と
ともに自動的に
抹消された
5年前の
巨額の利益
1929年の
大暴落に伴う
ケタはずれの
収入が
どのように
費やされたものか
この間に何が
あったのか…
だれにも
明かされる
ことはなかった

しかしリバモアはすべてを失った
今回の破産の後ですが
復帰できるとお考えですかリバモアさん
私は過去に何度もはい上がってきた…
しかし今回は少し長い時間が必要かもしれんな
長い時間というと…？
長い時間だよ…
ミスター・リバモアお車は
いや…少し歩こう

そう…長い時間だ
私が市場を歩んできた時間以上かもしれん
14歳のときに家出同然にボストンに出てきて…
相場の世界に足を踏み入れ突貫小僧
グレート・ベアと呼ばれ
この何十年ウォール街と戦ってきた
勝っては喜び負けては反省の日々だった
さまざまな体験をし
いろいろな人々とも出会えた

成功と破滅
見果てぬ夢を
抱かせる
ウォール街よ
…
できるなら
もう一度
相まみえたい
ものだ

1940年
世紀の相場師と
呼ばれた
ジェシー・
リバモアは
自らの手で
63歳の
生涯を閉じた
………
ちなみに
ウォールとは
「破滅」を意味
する

参考文献

『孤高の相場師リバモア流投機術』ジェシー・ローリストン・リバモア著、長尾慎太郎監修

『世紀の相場師　ジェシー・リバモア』リチャード・スミッテン著、藤本直訳（角川文庫）

『欲望と幻想の市場―伝説の投機王リバモア』エドウィン・ルフェーブル著、林康史訳（東洋経済新報社）

『大恐慌のアメリカ』林敏彦著（岩波新書）

『日録２０世紀―「暗黒の木曜日」と世界大恐慌！週間 year book　昭和４年』（講談社）

『世界大恐慌―１９２９年に何がおこったか』秋元英一著（講談社）

『アメリカの歴史〈4〉南部再建・大恐慌　１８６５―１９３３年』サムエル・モリソン著、西川正身訳（集英社）

『相場師奇聞―兜町の魔術師天一坊からウォール街の帝王モルガンまで』鍋島高明著（五台山書房・河出書房新社）

『ファンダメンタル的空売り入門―危ない企業を見抜くトラブルサインとチャートテクニック』トム・トゥーリ著、山本潤監訳、井田京子翻訳（パンローリング）

『カラ売り入門―ノウハウと定石』三木彰著（同友館）

『ウォール街の崩壊―ドキュメント世界恐慌・１９２９年　上下』G・トマス、モーガン＝ウィッツ著、常盤新平訳（講談社）

『ウォール街二百年　その発展の秘密』ロバート・ソーベル著、安川七郎訳（東洋経済新報社）

『Reminiscences of a Stock Operator』Edwin Lefevre　How to Trade in Stocks（A Marketplace Book）

『How to Trade In Stocks 』 Jesse Livermore, Richard Smitten（Traders Press）

『Jesse Livermore:The World's Greatest Stock Trader』Richard Smitten（Wiley Investment Classics）

『Amazing Life of Jesse Livermore: World's Greatest Stock Trader』Edward D. Dobson（Foreword), Richard Smitten （Traders Press）

『Trade Like Jesse Livermore』Richard Smitten（WILEY TRADING）

『Jesse Livermore Speculator King』Paul Sarnoff（Traders Press）

■著者紹介
ジェシー・リバモア（Jesse Lauriston Livermore）

14歳で株式の世界に入り、20歳でニューヨーク証券取引所での取引をスタート。「投機王」としてウォール街に確固たる地位を築き、株価暴落の原因とまで噂された相場師。しかし、その人生は波瀾万丈そのもので、巨額の利益を得る大成功と破産を繰り返すが、そのたびに自身の相場眼で見事に復活を果たしている。的確な売りによって「グレートベア」と称された。

■監修者紹介
長尾慎太郎（ながお・しんたろう）

東京大学工学部原子力工学科卒。北陸先端科学技術大学院大学・修士（知識科学）。日米の銀行、投資顧問会社、ヘッジファンドなどを経て、現在は大手運用会社勤務。訳書に『魔術師リンダ・ラリーの短期売買入門』『新マーケットの魔術師』など（いずれもパンローリング、共訳）、監修に『高勝率トレード学のススメ』『ラリー・ウィリアムズの短期売買法【第２版】』『コナーズの短期売買戦略』『続マーケットの魔術師』『続高勝率トレード学のススメ』『ウォール街のモメンタムウォーカー』『グレアム・バフェット流投資のスクリーニングモデル』『勘違いエリートが真のバリュー投資家になるまでの物語』『Ｒとトレード』『完全なる投資家の頭の中』『３％シグナル投資法』『投資哲学を作り上げる　保守的な投資家ほどよく眠る』『システマティックトレード』『株式投資で普通でない利益を得る』『成長株投資の神』『ブラックスワン回避法』『市場ベースの経営』『金融版 悪魔の辞典』など、多数。

■「リバモアの株式投資術」の訳者紹介
増沢和美（ますざわ・かずみ）

翻訳家。訳書に『投資参謀マンガー』（パンローリング）、共訳に『賢明なる投資家』『証券分析』『新マーケットの魔術師』『新マーケットの魔術師［株式編］〈増補版〉』（いずれもパンローリング）など多数。

河田寿美子（かわた・すみこ）

翻訳家。

■「マンガ　伝説の相場師リバモア」の著者紹介
小島 利明（こじま・としあき）

1945年群馬県出身。ピープロのアニメーターを経て、少年画報の『サッカー番長』（原作/吉岡道夫）でデビュー。少年マガジンの『愛の戦士レインボーマン』（原作/川内康範）で人気漫画家になる。他の代表作に、『八丁堀』（原作/小池一夫）、『味ラクルボーイ』（原作/寺島優）、『やったれ一発』（原作/牛次郎）、『三国志』（構成として参加。原作/寺島優、画/李志清）などがある。現在は中国を舞台にした作品を構想中。

2017年3月3日　初版第1刷発行

ウィザードブックシリーズ㉔⑥

リバモアの株式投資術

著　者　ジェシー・ローリストン・リバモア、小島利明
監修者　長尾慎太郎
訳　者　増沢和美、河田寿美子
発行者　後藤康徳
発行所　パンローリング株式会社
〒160-0023　東京都新宿区西新宿7-9-18-6F
TEL 03-5386-7391　FAX 03-5386-7393
http://www.panrolling.com/
E-mail　info@panrolling.com
編　集　エフ・ジー・アイ（Factory of Gnomic Three Monkeys Investment）合資会社
装　丁　パンローリング装丁室
組　版　パンローリング制作室
印刷·製本　株式会社シナノ

ISBN978-4-7759-7215-1

ジャック・D・シュワッガー

現在、マサチューセッツ州にあるマーケット・ウィザーズ・ファンドとＬＬＣの代表を務める。著書にはベストセラーとなった『マーケットの魔術師』『新マーケットの魔術師』『マーケットの魔術師[株式編]』（パンローリング）がある。
また、セミナーでの講演も精力的にこなしている。

ウィザードブックシリーズ19

マーケットの魔術師
米トップトレーダーが語る成功の秘訣

定価 本体2,800円+税　ISBN:9784939103407

トレード界の「ドリームチーム」が勢ぞろい

世界中から絶賛されたあの名著が新装版で復刻!

投資を極めたウィザードたちの珠玉のインタビュー集!

今や伝説となった、リチャード・デニス、トム・ボールドウィン、マイケル・マーカス、ブルース・コフナー、ウィリアム・オニール、ポール・チューダー・ジョーンズ、エド・スィコータ、ジム・ロジャーズ、マーティン・シュワルツなど。

ウィザードブックシリーズ201

続マーケットの魔術師
トップヘッジファンドマネジャーが明かす成功の極意

定価 本体2,800円+税　ISBN:9784775971680

『マーケットの魔術師』シリーズ 10年ぶりの第4弾!

先端トレーディング技術と箴言が満載。「驚異の一貫性を誇る」これから伝説になる人、伝説になっている人のインタビュー集。マーケットの先達から学ぶべき重要な教訓を40にまとめ上げた。

ウィザードブックシリーズ 235

株式投資が富への道を導く

定価 本体2,000円+税　ISBN:9784775972045

バフェットの投資観を変えた本！

本書はフィリップ・フィッシャーが1958年に書いた『株式投資で普通でない利益を得る』（パンローリング）の続編である。上の最初の高名な著書は、スタンフォード大学経営大学院で基本書として使われ、ウォーレン・バフェットをはじめ多くの読者の投資観を一変させた。まさしく、バフェットがベンジャミン・グレアムの手法と決別するきっかけとなった本である。

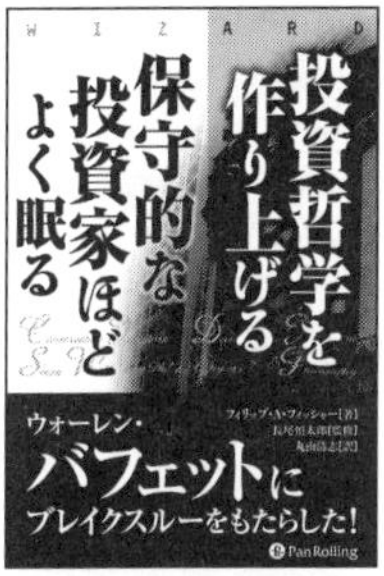

ウィザードブックシリーズ 236

投資哲学を作り上げる／保守的な投資家ほどよく眠る

定価 本体1,800円+税　ISBN:9784775972052

バフェットにブレイクスルーをもたらした大事な教え

『保守的な投資家ほどよく眠る』は、フィッシャーの3冊目の本である。67歳のときに執筆した本書は、死ぬまで約50年間にわたって保有し続けた“フィッシャー銘柄”モトローラについて詳述している。自分が理解できる少数の素晴らしい会社を探しあて、あまりリスクをとらずに長期保有し続けるというフィッシャーの手法は、現代の投資家にコペルニクス的転回をもたらすだろう。

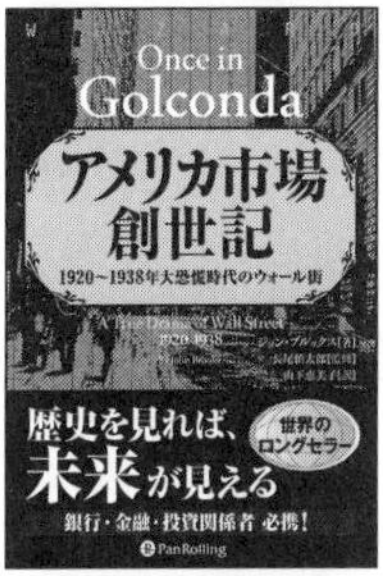

ウィザードブックシリーズ 226

アメリカ市場創世記

定価 本体2,200円+税　ISBN:9784775971932

ウォール街が死んだ日の迫真のノンフィクション

ビジネス作家のなかでも傑出した一人であるジョン・ブルックスが、史上最もよく知られた金融市場のドラマである1929年の世界大恐慌とその後遺症の雰囲気を完璧に伝えているのが本書である。遠い昔々のことと思っている現代の読者にとっても身近で興味深い話題が満載されている。

ウィザードブックシリーズ 243

金融版　悪魔の辞典

定価 本体2,000円+税　ISBN:9784775972120

魑魅魍魎がうごめく世界を生き抜くためのガイドブック

本書は、破綻すると分かっている住宅ローンや、恐ろしいほど高いリスクや、つぶすには大きすぎる銀行を私たちに押し付けてきた金権主義者や官僚を痛烈に皮肉り、批判し、揶揄している。本書は、複雑で、不条理で、尊大なウォール街から、単純な真実と、分かりやすい警告を導き出してくれている。

関　連　書　籍

ウィザードブックシリーズ 245

新装版 私は株で200万ドル儲けた

ブレイクアウト売買法の元祖「ボックス理論」の生い立ち

定価 本体1,500円+税　ISBN:9784775972144

多くの熱い読者からの要望で新装版で復刊！

今なお読み継がれ、今なお新しい株式投資の名著。業界が震撼したボックス理論！ 個人投資家のダンサーがわずかな資金をもとに株式売買で200万ドルの資産を築いた「ボックス投資法」。本書は、株式市場の歴史に残る最も異例で、輝かしい成功物語のひとつである。ダーバスは、株式市場の専門家ではなく、世界中を公演して回るような、ショービジネス界の世界では最も高いギャラを取るダンサーだった。しかし、株式売買の世界に足を踏み入れ、世界中から電報や郵便などの通信手段を駆使して、百万長者の数倍もの資産を築いた。

ウィザードブックシリーズ 10

賢明なる投資家

定価 本体3,800円+税　ISBN:9784939103292

市場低迷の時期こそ、威力を発揮する「バリュー投資のバイブル」

ウォーレン・バフェットが師と仰ぎ、尊敬したベンジャミン・グレアムが残した「バリュー投資」の最高傑作！ 株式と債券の配分方法、だれも気づいていない将来伸びる「魅力のない二流企業株」や「割安株」の見つけ方を伝授する。

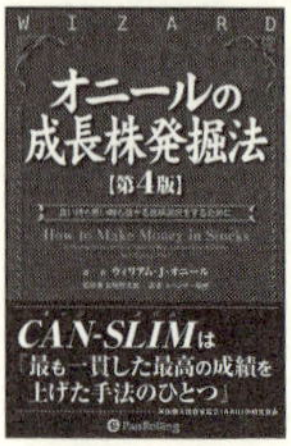

ウィザードブックシリーズ 179

オニールの成長株発掘法【第4版】

定価 本体3,800円+税　ISBN:9784775971468

大暴落をいち早く見分ける方法

アメリカ屈指の投資家がやさしく解説した大化け銘柄発掘法！ 投資する銘柄を決定する場合、大きく分けて2種類のタイプがある。世界一の投資家、資産家であるバフェットが実践する「バリュー投資」と、このオニールの「成長株投資」だ。

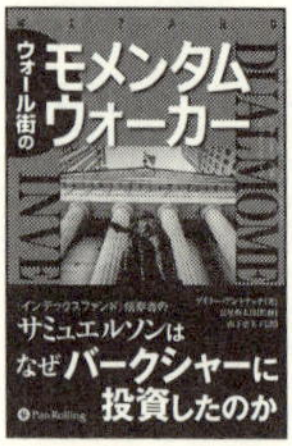

ウィザードブックシリーズ 227

ウォール街のモメンタムウォーカー

定価 本体4,800円+税　ISBN:9784775971949

「効率的市場仮説」を支持したサミュエルソンはなぜ投資先をバークシャーにしたのか

モメンタムは持続する！ 効率的市場仮説は経済理論の歴史のなかで最も重大な誤ちの1つである。市場状態の変化をとらえ、低リスクで高リターンを上げ続ける戦略。200年以上にわたるさまざまな市場や資産クラスを調べた結果、1つの事実が明らかになった。